江西省交通强省建设蓝皮书(2022)

华东交通大学交通强省研究院 编

人民交通出版社股份有限公司
北京

内容提要

本书为2021年度江西省交通强省建设蓝皮书(含部分2022年度数据),全书共十一章,分别为:江西省交通运输发展概述,综合交通基础设施网加快完善,交通装备系统持续升级,综合运输服务水平持续提升,交通科技创新焕发活力,安全保障体系日臻完备,绿色交通发展深入推进,内陆开放新格局初步形成,高素质交通运输人才引育成绩显著,行业治理成效日渐凸显,江西省交通强省建设对策建议和展望。

本书可供交通运输行业管理与技术人员查阅参考。

图书在版编目(CIP)数据

江西省交通强省建设蓝皮书.2022/华东交通大学交通强省研究院编.—北京:人民交通出版社股份有限公司,2023.2

ISBN 978-7-114-18635-6

Ⅰ.①江… Ⅱ.①华… Ⅲ.①交通运输建设—研究报告—江西—2022 Ⅳ.①F512.756

中国国家版本馆CIP数据核字(2023)第024671号

Jiangxi Sheng Jiaotong Qiangsheng Jianshe Lanpishu(2022)

书　　名:	江西省交通强省建设蓝皮书(2022)
著 作 者:	华东交通大学交通强省研究院
责任编辑:	齐黄柏盈
责任校对:	孙国靖　宋佳时
责任印制:	张　凯
出版发行:	人民交通出版社股份有限公司
地　　址:	(100011)北京市朝阳区安定门外外馆斜街3号
网　　址:	http://www.ccpcl.com.cn
销售电话:	(010)59757973
总 经 销:	人民交通出版社股份有限公司发行部
经　　销:	各地新华书店
印　　刷:	北京交通印务有限公司
开　　本:	720×960　1/16
印　　张:	6.25
字　　数:	107千
版　　次:	2023年2月　第1版
印　　次:	2023年2月　第1次印刷
书　　号:	ISBN 978-7-114-18635-6
定　　价:	68.00元

(有印刷、装订质量问题的图书,由本公司负责调换)

《江西省交通强省建设蓝皮书(2022)》编写组

组　　长　万　明
副 组 长　郭军华　张志坚
编写人员(按姓氏笔画排序)
　　　　　　于海燕　万　金　万　俐　朱梦云　向广林
　　　　　　李文霞　何晨昕　邱　振　陈志建　袁午阳
　　　　　　彭志敏　曾云涛

前　言

2021年，江西省全面开启交通强省建设新征程。为展示江西省推进交通强省建设成效，分享江西省交通强省建设的做法，我们编写了《江西省交通强省建设蓝皮书（2022）》（简称《蓝皮书》），以交通强省建设发展目标和九大主要任务为主线，展现江西省在落实《交通强国建设纲要》提出的"打造一流设施、一流技术、一流管理、一流服务，建成人民满意、保障有力、世界前列的交通强国"方面的探索和实践，体现江西省对交通强国建设目标任务的落实。

《蓝皮书》共分十一章。第一章对江西省交通运输发展情况进行概述，包括党的十八大以来江西省交通运输业发展历程、江西省交通强省建设取得的成效、交通运输业对江西省经济社会发展的贡献等。第二章至第十章围绕交通强省建设九大主要任务，分别从综合交通基础设施网络、交通装备系统、综合运输服务、交通科技创新、安全保障体系、绿色交通、内陆开放新格局、交通运输人才、行业治理等方面进行了阐述。第十一章指出江西省在交通强省建设中存在的问题并给出了对策建议，同时对江西省交通强省建设进行了展望。

《蓝皮书》编写过程中，江西省交通运输厅和有关部门、设区市交通运输主管部门，以及有关科研院所、企业和专家给予了大力的支持和帮助，提出了宝贵的意见和建议，在此一并表示衷心的感谢！

编写与交通强省建设相关的蓝皮书在全国是首次，在编写过程中难免出现一定的疏漏，欢迎大家批评指正。

编　者

2022年12月

目 录

总论 ··· 1

第一章　江西省交通运输发展概述 ·· 2
- 第一节　江西省交通运输发展概况 ·· 2
- 第二节　江西省交通强省建设成效 ·· 4
- 第三节　交通运输业对江西省经济社会发展贡献 ··· 7

第二章　综合交通基础设施网加快完善 ··· 11
- 第一节　综合立体交通网日趋优化 ·· 11
- 第二节　快速干线网有序贯通 ··· 13
- 第三节　农村交通基础设施网覆盖面不断扩大 ·· 16
- 第四节　综合交通枢纽体系逐步建成 ··· 18

第三章　交通装备系统持续升级 ·· 21
- 第一节　交通装备产业规模初显 ··· 21
- 第二节　交通装备技术得到升级 ··· 26

第四章　综合运输服务水平持续提升 ·· 29
- 第一节　综合客运服务质量稳中有升 ··· 29
- 第二节　现代物流服务成效显现 ··· 32
- 第三节　新业态新模式不断涌现 ··· 35

第五章　交通科技创新焕发活力 ·· 38
- 第一节　交通科技创新能力不断增强 ··· 38
- 第二节　智慧交通建设取得成效 ··· 41
- 第三节　先进技术应用加速推进 ··· 43

第六章　安全保障体系日臻完备 ·· 48
- 第一节　交通本质安全水平稳步提升 ··· 48
- 第二节　交通安全生产体系持续健全 ··· 50
- 第三节　交通应急救援能力全面强化 ··· 52

第七章　绿色交通发展深入推进 ········· 53
第一节　资源节约集约高效利用成效凸显 ········· 53
第二节　节能减排和污染防治成效日益彰显 ········· 55
第三节　生态保护与修复力度持续加大 ········· 58

第八章　内陆开放新格局初步形成 ········· 60
第一节　多方向多方式拓展开放通道 ········· 60
第二节　交流合作逐步深化 ········· 62

第九章　高素质交通运输人才引育成绩显著 ········· 65
第一节　交通运输科技人才引育成效显著 ········· 65
第二节　交通运输技能人才培养持续改进 ········· 68
第三节　交通干部队伍素养稳步提升 ········· 70

第十章　行业治理成效日渐凸显 ········· 73
第一节　行业改革有序推进 ········· 73
第二节　交通文明不断进步 ········· 77

第十一章　江西省交通强省建设对策建议和展望 ········· 81
第一节　江西省交通强省建设存在的问题 ········· 81
第二节　江西省交通强省建设的对策建议 ········· 83
第三节　江西省交通强省建设展望 ········· 87

参考文献 ········· 89

总　　论

2019年9月，中共中央、国务院印发《交通强国建设纲要》，这是以习近平同志为核心的党中央立足国情、着眼全局、面向未来作出的重大战略部署。建设交通强国是建设现代化经济体系的先行领域，是全面建成社会主义现代化强国的重要支撑，是新时代做好交通工作的总抓手。为深入贯彻落实党中央、国务院决策部署，江西省委、省政府于2020年11月印发了《关于推进交通强省建设的意见》（赣发〔2020〕26号），成立了以省长为组长，常务副省长、分管副省长为副组长，21个省直单位为成员的江西省推进交通强省建设领导小组，高位推动交通强省建设。2021年1月，江西省高规格召开了全省推进交通强省建设动员大会，省委书记、省长、各设区市市委书记和市长参加，吹响了江西省全面建设交通强省的"冲锋号"。

江西省深入贯彻党的十九大和习近平总书记视察江西重要讲话精神，全面落实《交通强国建设纲要》，稳中求进、适度超前，紧跟国家交通现代化步伐，推动交通发展方式转变，围绕实现交通强省发展目标，全面推进九大建设任务，着力打造"世纪水运工程、八大千亿工程、万亿交通产业"，加快基础设施建设，提升科技创新能力，强化交通运输行业管理，优化交通运输服务，加快构建现代化综合交通运输体系，打造一流设施、一流技术、一流管理、一流服务，建成人民满意、保障有力、全国前列的交通强省，为建设富裕美丽幸福现代化江西提供坚强支撑。

第一章
江西省交通运输发展概述

在江西省委、省政府的坚强领导下，在全省人民的共同努力下，江西省交通运输业实现跨越式发展，取得了很大成绩，交通运输现代化指数名列全国第七，进入交通运输现代化初级阶段Ⅲ级水平❶。交通运输基础设施更加完善，客货运输量快速增长，服务能力和水平大幅提升，为全省经济社会发展提供了有力保障。

第一节 江西省交通运输发展概况

党的十八大以来，江西省深入贯彻落实"创新、协调、绿色、开放、共享"的新发展理念，加快交通运输提质升级步伐，注重补齐发展短板，提高行业治理能力，提升服务保障水平，突出智慧绿色安全，在新的起点上推动交通运输高质量跨越式发展，努力建设人民满意交通。高速铁路运营里程突破2000公里，高速公路通车里程先后突破5000公里和6000公里，道路运输加快转型升级，水运短板加快补齐，南昌昌北国际机场跻身千万级枢纽机场行列，"四好农村路"建设成效显著，邮政基础设施逐步健全，管道网络覆盖面逐步扩大，运输服务保障能力持续提升，重点领域改革不断深化，安全监管不断强化，服务品质不断提升，人民群众出行由"走得了"向"走得好、走得安全、走得舒心"转变。

---

❶ 资料来源：智库成果《中国交通运输2021》，中国公路学会主编。

一是综合交通运输网络不断完善。全省综合交通网络里程达到22.2万公里，较2011年底增加6万余公里。"五纵五横"干线铁路网、"四纵六横八射十七联"高速公路网建成，实现县县通高速。普通国省道覆盖86%的乡镇，道路优良率达88.3%，普通国省道服务水平不断提升。在全国率先实现25户以上自然村"村村通"和"组组通"水泥（油）路，县乡道公路安全隐患治理全面完成，农村公路危桥改造数量与新增危桥总量实现动态平衡，农村公路通达深度和安全水平显著提升。赣江、信江基本达到三级通航条件，港口吞吐能力不断提升。形成"一主一次五支"民用运输机场布局。基本建成"一纵三横一环"输气管网，"Y"形成品油输送管道网络架构不断完善。

二是运输服务能力和水平显著提升。加快构建"六纵六横"综合运输大通道，交通运输战略支撑能力显著提升。围绕"一带一路"建设、长江经济带发展战略、中部地区高质量发展等，统筹推进以高速铁路、普速铁路、高速公路为主骨架的对外综合运输大通道建设。其中，京九、沪昆等"四纵三横"综合运输大通道基本建成，其余通道部分建成，实现江西与京津冀、长三角、粤港澳大湾区的多通道、快速化联通，南昌至周边省会城市和省内各设区市的多方式、便捷化联通。"一核三极多中心"综合交通枢纽布局初步形成，综合运输效率和交通枢纽发展水平逐步提升。城市公共交通服务能力不断增强，农村地区尤其是赣南等原中央苏区、罗霄山集中连片特困地区的运输条件得到明显改善，全省具备条件的建制村通客车率达100%。

三是交通运输脱贫攻坚取得巨大成就。交通运输扶贫目标任务全面完成，贫困地区规划国家高速公路全部建成通车，窄路基路面拓宽改造、新增通硬化路撤并建制村、旅游路资源路产业路、危桥改造、安全生命防护工程等目标任务超额完成，为决战决胜脱贫攻坚提供了坚强交通运输保障。推动"交通＋特色产业""交通＋旅游"等发展，脱贫地区累计完成旅游路、资源路、产业开发路建设1620公里，有效盘活农村地区资源，增强脱贫地区的"造血"功能。"四好农村路"成为促进党群干群关系、凝聚党心民心的重要桥梁。在脱贫攻坚满意度调查中，江西省交通运输行业满意度持续位列前茅。

四是交通运输行业管理取得显著成效。持续深化"放管服"改革，压减行政权力清单38项，取消行政许可证明15项，"双随机、一公开"执法检查计划由106项精简为46项，大件运输许可等101项事项实现"一次不跑、只跑一次"，68项事项实现"一网通办"，政务服务ETC办理"一次不跑"被国务院作为典型经验推广。在交通基础设施、绿色环保、交通安全、智能建造等方面取得了一批重大关键技术成果和重大科技创新成果，十年来开展国家级、省部级及厅级科技研究项目700余项，研究成果获国家科学技术进步奖二等奖2项、省部级科技奖励75项。建成了以"一中心、三平台"（智慧交通大数据中心、智慧交通政务管理与服务平台、智慧交通综合监管平台、智慧出行与物流信息平台）为主架构的智慧交通管理体系，智慧交通保障能力明显提升，统筹发展、开放融合、运转高效的交通运输信息化发展总体格局基本形成。绿色交通发展取得良好成效，交通运输行业管理体制机制改革不断深化，交通运输法治化水平明显提高，地方法规体系逐步健全。交通运输行业软实力持续增强。

第二节　江西省交通强省建设成效

2021年，在省委、省政府的坚强领导下，全省各地区各部门深入贯彻落实交通强省战略，高位推动、迅速行动、创新机制、真抓实干，做了大量工作，较好地完成了2021年各项目标任务，交通强省建设取得良好开局，呈现出提速提质提效发展的良好态势。

"一流设施"不断完善。立体互联的综合交通运输网络加快形成。铁路建设成果明显，兴泉、赣深、安九3个铁路项目建成通车，南北高铁大通道全面贯通，新增铁路里程275.8公里（其中新增高速铁路里程147.6公里）。公路网络不断强化，京九、沪昆"大十字"高速公路"四改八"扩容工程深入推进；抚州东外环高速公路王安石特大桥、萍莲高速公路2个项目如期通车。水运短板加快补齐，赣江、信江基本实现三级通航，赣江井冈山航电枢纽、信江双港航运枢纽、信江界牌枢纽船闸改建等项目全面建成。机场航线网络布局不断优化，"一主一次五支"机场布局全面形成，南昌昌北国际机场、赣州黄金机场、九江庐山机场、景德镇罗家机场、吉安井冈山机场、上饶三清山机场、宜春明月山机场服务能力逐年提升。南昌昌北国际机场加密了11条干线，新开了9个支线航点，实现适宜通航的省会（首府）城市全覆盖。邮政基础设施逐步健全，全省邮政邮路总条数1704条，邮路总长度20.81万公里；邮政农村投递路线3248条，农村投递路线长度8.96万公里。管道网络覆盖面扩大，省级天然气管道建成3111公里，管道通达99个县（市、区）。综合交通枢纽建设快速推进，赣州国家物流枢纽城市建设加快推进，南昌入选"十四五"首批国家物流枢纽建设名单，九江、鹰潭申报国家物流枢纽城市工作有序推进。

"一流技术"成效显著。交通科技创新能力明显增强，交通科技创新平台建设取得成效，全省交通运输行业科技平台总数达34个，其中国家级科技平台3个、省部级科技平台25个。交通科技创新成果丰硕，通过平台建设、机制构建和人才引育等一系列措施，交通科技创新活力不断释放，交通科技创新能力明显增强，在交通基础设施、绿色环保、交通安全、智能建造等方面取得了一批重大关键技术成果，取得了以世界首条永磁磁浮轨道交通工程试验线——"红轨"为代表的一批重大科技创新成果。2021年，江西省交通运输行业获得省部级奖励23项，其中江西省科技进步奖11项、江西省技术发明奖1项、中国交通运输协会科技进步奖5项、中国公路学会科技进步奖6项。智慧交通建设成效显著，政务管理与服务能力不断提升，大力推进智慧交通政务管理与服务平台建设，基本实现主要业务系统在线化、协同化和平台化；航道运行管理平台建成并调试，智慧港航建设取得成效，"互联网+"现代化港航"智"理体系逐步完善，应用场景不断丰富；智能决策和智慧监管能力显著提升，不断完善智慧交通综合监管平台建设，推进智能感知网络建设，深化综合协调调度与应急指挥、运行监测与辅助决策等应用，实现公路、水路、道路运输及交通工程建设等领域安全监管信息化。

"一流管理"日趋成熟。综合交通顶层设计和法规体系不断完善，交通运输发展规划统筹制定。江西省人民政府办公厅印发了《江西省"十四五"综合交通运输体系发展规划》，各设区市分别编制了地方级别"十四五"综合交通运输体系发展规划，《江西省水路交通条例》《江西省铁路安全管理条例》等地方法规陆续出台实施。安全保障体系日臻完备，交通运输本质安全水平稳步提升，交通事故起数和死亡人数保持"双下降"，经济损失明显减少，基础设施安全保障能力有效提升。应急预案持续优化，应急处置能力逐渐增强，交通运输应急救援能力全面强化，应急储备能力不断增强，信息化监管水平大力提升。行业治理成效日渐凸显，加快交通运输"放管服"改革，便民惠民服务水平全面提高，综合行政执法改革任务基本完成。

"一流服务"逐步优化。快速便捷的综合客运服务体系初步形成。城市公共交通保障能力和服务水平不断提升，国家公交都市或省级公交城市创建覆盖全省，"交通一卡通"与全国303个地级以上城市联通，并实现省内设区市互联互通。旅客联程运输服务快速发展，城乡客运服务均等化水平逐步提升。集约高效的现代物流服务体系不断完善。现代物流运行体系不断完善，交通运输承载能力持续提升，干线、支线、配送物流服务网络衔接更加顺畅，物流枢纽布局稳步推进，多式联运发展深入推进，城市物流配送体系加快构建，农村物流服务网络加快布局。人民满意交通焕发新活力，群众品质化快速化出行需求逐步满足，交通运输效率和品质不断提升，群众满意度名列全国前茅。

第三节 交通运输业对江西省经济社会发展贡献

鉴于交通运输业对经济社会发展的重大作用，构建贡献度综合评价指标体系，测度交通运输业对经济社会发展的贡献。为此，根据江西省统计数据，利用熵权法测度各指标贡献度的权重，对2021年交通运输业促进经济社会发展的贡献进行量化。

一、指标体系构建

为了能够更加系统地体现一个地区交通运输业的发展状况，及其对当地经济社会发展作出的贡献，研究在遵循测度指标体系构建原则的前提下，通过梳理国内外文献、查阅政策文件资料，对指标进行总结和提炼，在遵循科学性、客观性、可操作性、系统协调性等原则的基础上，构建了交通运输业对经济社会发展贡献度测度指标体系，分析交通运输业对地区生产总值和劳动就业等方面的贡献，构建测度指标体系，如图1-1所示。

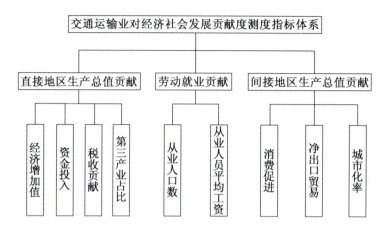

图 1-1 交通运输业对经济社会发展贡献度测度指标体系

二、测量结果分析

研究运用熵权法计算得出江西省交通运输业对全省经济社会发展贡献的各子系统权重值，数据源自《江西统计年鉴2021》《江西省2021年国民经济和社会发展统计公报》和《中国税务年鉴2021》。测算结果见表1-1。

江西省交通运输业对全省经济社会发展贡献的权重　表1-1

系　统　层	权重	指　标　层	权重
直接地区生产总值贡献	0.4287	经济增加值	0.1081
		资金投入	0.0695
		税收贡献	0.1239
		第三产业占比	0.1272
劳动就业贡献	0.1750	从业人口数	0.0494
		从业人员平均工资	0.1256
间接地区生产总值贡献	0.3963	消费促进	0.1322
		净出口贸易	0.1709
		城市化率	0.0932

江西省交通运输业对全省经济社会发展贡献由三部分组成：直接地区生产总值贡献、劳动就业贡献、间接地区生产总值贡献，其权重分别为 0.4287、0.1750 和 0.3963，表明三部分对经济社会发展的影响程度由大到小依次为直接地区生产总值贡献、间接地区生产总值贡献、劳动就业贡献。

进一步分析得出，2021 年，江西省交通运输业对经济社会发展的贡献以直接和间接地区生产总值贡献为主，劳动就业贡献为辅，对江西省经济社会发展的综合贡献率约为 15.37%，实际拉动地区生产总值增长 1.36 个百分点；对直接地区生产总值贡献率为 6.60%，拉动地区生产总值增长 0.58 个百分点；对间接地区生产总值贡献率为 6.10%，拉动地区生产总值增长 0.54 个百分点；对劳动就业贡献率为 2.69%，拉动地区生产总值增长 0.24 个百分点。

具体表现为：

（1）2021 年江西省交通运输业经济增加值对经济社会发展的贡献率为 1.66%，拉动地区生产总值增长 0.15 个百分点，最能直接反映出交通运输业对经济社会发展的贡献。资金投入对经济社会发展的贡献率为 1.07%，拉动地区生产总值增长 0.09 个百分点，资金投入的多少影响着交通运输业的发展，进而影响着经济社会的发展，对交通运输业的固定资产投资应在合理的范围内，力求"小投资大回报"，节约投资成本的同时发展交通运输业。交通运输业有效促进税收的增长，对经济社会发展的贡献率为 1.90%，拉动地区生产总值增长 0.17 个百分点。第三产业占比对经济社会发展的贡献率为 1.96%，拉动地区生产总值增长 0.17 个百分点。在 2021 年直接地区生产总值贡献度四个指标中，虽然税收贡献和第三产业占比的贡献度高于其他两个指标，但从具体贡献率来看，四个指标贡献率相近，均处在 1%～2% 之间。直接地区生产总值贡献率达到6.59%,是交通运输业拉动经济社会发展最主要的因素。

(2) 2021年江西省交通运输业消费促进对经济社会发展的贡献率为2.03%,拉动地区生产总值增长0.18个百分点。净出口贸易对经济社会发展的贡献率为2.63%,拉动地区生产总值增长0.23个百分点。城市化率对经济社会发展的贡献率为1.43%,拉动地区生产总值增长0.13个百分点。

(3) 2021年江西省交通运输业就业水平对经济社会发展的贡献率为0.76%,拉动地区生产总值增长0.07个百分点;从业人员平均工资对经济社会发展的贡献率为1.93%,拉动地区生产总值增长0.17个百分点。

第二章
综合交通基础设施网加快完善

江西省现代化综合交通运输体系加快建立，多层次交通运输网络初步形成，全省综合交通网络里程达22.2万公里。交通运输网络总体规模大幅度增长，交通先行作用持续提升，基本形成了"五纵五横"干线铁路网、"四纵六横八射十七联"高速公路网、"两横一纵"内河高等级航道网和"一主一次五支"机场格局。

第一节 综合立体交通网日趋优化

一、综合交通运输大通道加快形成

近年来，江西省围绕"一带一路"建设、长江经济带发展战略、中部地区高质量发展等，统筹推进以高速铁路、普速铁路、高速公路为主骨架的"六纵六横"综合运输大通道建设。随着昌赣高铁、赣深客专、武九客专、浩吉铁路、九景衢铁路、兴泉铁路等重要线路建成通车，规划构建的"六横六纵"综合运输大通道中，京九、沪昆等"四纵三横"综合运输大通道基本建成，其余通道部分建成，实现江西与京津冀、长三角、粤港澳大湾区的多通道、快速化联通，南昌至周边省会城市和省内各设区市的多方式、便捷化联通。

二、综合立体交通网络规模快速增长

截至2021年底，全省综合交通网络里程达22.2万公里，较

"十二五"末增长33.7%。

铁路。"五纵五横"干线铁路网主骨架基本建成，南北向高铁全面贯通。全省铁路营业里程达5219公里，其中高铁2086公里，在全国高铁里程中排名第七，成为全国第四个实现"市市通高铁"的省份，基本实现南昌至省内各设区市和长江中游城市群中心城市1~2小时到达，至上海、广州等周边主要城市3~4小时到达，至北京6小时到达。

公路。"四纵六横八射十七联"高速公路网和"十纵十一横"普通国省干线网基本形成，农村公路织密成网，全省公路总里程为21.1万公里。其中：高速公路通车里程达到6309公里，路网密度为每百平方公里3.8公里，是全国平均水平的2.2倍，打通了28个出省大通道；全面实现"县县通高速"，普通国省道里程达到1.86万公里，覆盖全省86%的乡镇，农村公路达18.6万公里，在全国率先实现25户以上自然村"村村通"和"组组通"水泥（油）路。

航道和港口。基本建成"两横一纵"内河高等级航道网，全省内河航道总里程5716公里，其中高等级航道里程871公里，赣江、信江基本实现三级通航，水运辐射范围逐步向赣南、赣东北等地区纵深拓展。"两主五重"现代化港口体系加快形成，九江港跻身内河亿吨大港行列，位列全国内河港口第一方阵。截至2021年底，全省有内河港口生产用码头泊位457个，千吨级以上深水泊位184个，集装箱码头泊位11个；全省港口吞吐能力达到1.67亿吨，集装箱吞吐量128.9万标箱。基本形成大中小结合、内外沟通的港口群体。

民用机场。以机场建设和开辟新航线为重点，加快推进"一主一次七支"机场建设，完成南昌昌北国际机场T1航站楼改造、九江庐山机场复航改造，以及赣州黄金机场、吉安井冈山机场、宜春明月山机场改扩建工程，南昌昌北国际机场三期扩建、赣州瑞金机场建设加快推进。南昌昌北国际机场跻身千万级枢纽机场行列。

邮政。拥有各类营业网点 12642 处，快递服务网点 7610 处；邮政邮路总条数 1704 条，邮路总长度 20.81 万公里；快递服务网路条数 3994 条，快递服务网路长度 45.9 万公里。

油气管道。以国家输气管网和"环鄱阳湖"省级输气管网建设为重点，依托川气东送、西气东输（二、三线）、新粤浙线等国家天然气长输管道，基本建成以"一纵三横"国家输气管网和"环鄱阳湖"省级输气管网为主骨架的天然气输送网络。

第二节　快速干线网有序贯通

一、快速网加密形成

高速铁路网规模快速扩大。截至 2021 年底，江西境内铁路营业里程达 5219 公里，其中时速 200 公里及以上的高速铁路营业里程为 2086 公里，高速铁路营业里程排全国第七位，大大提升了铁路的运输能力。实施客运提质计划、货运增量行动和复兴号品牌战略三大举措，为更好服务地方经济社会发展贡献了力量。重点推进以南昌"米"字形高铁为核心的"一核四纵四横"高速铁路网建设；基本形成了以南昌为中心，全省 1~2 小时经济生活圈。高速铁路建设项目加快推进，其中赣深高铁、安九高铁已建成通车，昌景黄高铁项目正在加速建设，昌九高铁项目开工建设。其中赣深高铁、安九高铁同属于京港高铁通道，它们的建成通车补齐了江西北上南下的高铁短板，与江西境内已通车的昌赣高铁衔接互通，提高了江西南北向的高铁通行能力。昌景黄高铁将与已建成的杭黄高铁相连，形成一条赣北地区至长三角地区快速客运通道。昌九高铁可以补齐京港高铁在江西境内的运能，解决昌九通道能力与需求矛盾，全线可贯通大京九线路。长赣高铁建成通车后，将进一步增强沿线地区与粤港澳大湾区、海峡西岸经济区、长株潭都市圈等地区的经济联系和人员往来，为中部地区高质量发展积蓄新动能。

高速公路加快成网优化。2021年，江西省围绕实施主通道扩容工程、省际通道建设工程、路网加密工程三大工程，加强省际通道及瓶颈路、"断头路"建设，着力解决省际、区域间的"卡脖子"问题。萍莲高速公路、抚州东外环高速公路王安石特大桥等项目建成通车；大广高速公路南康至龙南扩容段、吉安至南康段改扩建、赣皖界至婺源高速公路和南昌市绕城高速公路西二环等项目正加快推进。遂大高速公路、樟吉高速公路改扩建、抚州东临环城高速公路项目开工建设。江西省正以构建"大十字"八车道高速公路主骨架为重点，进一步优化高速公路路网结构。

机场航线网络布局加快推进。《关于推进交通强省建设的意见》中规划"一主一次七支"民用运输机场网，目前已形成"一主一次五支"机场布局，南昌昌北国际机场、赣州黄金机场、九江庐山机场、景德镇罗家机场、吉安井冈山机场、上饶三清山机场、宜春明月山机场均已通航，其中南昌昌北国际机场为主枢纽，赣州黄金机场为次枢纽。2021年以来，南昌昌北国际机场陆续加密了至北京首都、北京大兴、上海虹桥、上海浦东、成都天府、昆明长水、青岛胶东、重庆江北、南宁吴圩、海口美兰、兰州中川国际机场等11条干线，新开了西宁等省会（首府）航线和忻州等9个支线航点，实现适宜通航的省会（首府）城市全覆盖，优化和提升了京津冀、长三角、粤港澳大湾区、成渝等主干航线的运力供给。2021年以来，大力强化干支线机场服务能力，南昌昌北国际机场三期、赣州黄金机场三期、宜春明月山机场二期、吉安井冈山机场三期、上饶三清山机场改扩建等项目开工建设，赣州瑞金机场新建加快推进。

二、干线网提质升级

干线航道建设谋划大格局。2021年，江西省围绕推进赣江、信江全面三级通航和提升港口服务功能，大力推进一批通航能力提升工程和港口码头建设。"两横一纵"（长江江西段、信江与赣江）高等级航道网基本形成，井冈山航电枢纽项目已建成并投产运营。建成南昌龙头岗综合码头（一期）、九江红光国际港等一批现代化码头，全省有内河港口生产用码头泊位457个，千吨级以上深水泊位184个，集装箱码头泊位11个。赣江井冈山航电枢纽、信江双港航运枢纽、信江界牌枢纽船闸改建、信江界牌至双港及双港至褚溪河口湖区三级航道整治等项目全部完成。九江矶山公用码头、泰和沿溪码头、余江中童码头3个项目全部完工。万安二线船闸、信江八字嘴航电枢纽等项目稳步推进。浙赣粤运河已作为国家"四纵四横两网"高等级航道之一纳入中共中央、国务院印发的《国家综合立体交通网规划纲要》。交通运输部联合赣粤两省开展的赣粤运河重点问题"1+9"专项研究中，赣粤两省牵头负责的7个专题均已完成成果验收，为下一步赣粤运河规划研究总报告的编制奠定坚实基础。

普速铁路建设打造大网络。江西省正在加快构建"五纵四横"普速铁路网，重点优化普速铁路网络布局，补齐赣东南地区铁路短板，进一步扩大出省干线铁路通道。2021年，兴泉铁路建成通车，瑞梅铁路江西段项目可行性研究报告已获批，温武吉铁路项目预可行性研究报告已编制完成。

普通国省道干线实现互联互通。江西省持续完善"十纵十一横"普通国省干线网。截至2021年底，普通国省道里程达1.86

万公里，其中，普通国道里程 7697.3 公里、普通省道里程 10933.6 公里。2021 年完成升级改造和养护大中修 2100 公里，G105 北京至澳门公路吉水县醪桥至青原区草坪桥段改建工程成功入选交通运输部第一批"平安百年品质工程"创建示范项目。普通国省干线公路实现互联互通、养护管理能力再提升。

油气管道建设构建大服务。加快推进省级天然气管网和国家级主干管网互联互通工程建设，依托国家管网构建多节点、多环型双向输气模式。2021 年，天然气管网规划 32 条支线已全部开工建设，建成管道里程约 1779 公里，项目总投资约 74.5 亿元。其中，井冈山支线莲花段、靖安支线、湘东支线等项目已全部完工；进贤支线各项前期准备工作包括项目评估等已经完成；万载—铜鼓支线、乐平—德兴—婺源支线等项目加速推进。天然气管网覆盖范围进一步扩大，"一纵三横一环"的输气网架进一步加密。

第三节 农村交通基础设施网覆盖面不断扩大

一、农村路网建设提质升级

"四好农村路"示范创建提质扩面。江西省在全国率先实现"组组通"，农村公路通达深度排在全国前列，全省农村公路总里程达到 18.6 万公里，农民群众"出行难"问题得到历史性解决，农村公路实现提质升级，路网保障能力明显增强。截至 2021 年，江西省共创建 2 个"四好农村路"建设市域突出单位、13 个"四好农村路"全国示范县，累计创建 50 个"四好农村路"省级示范县。截至 2021 年底，江西省已有 94 个县（市、区）人民政府出台了农村公路"路长制"实施方案，实现管养农村公路的县（市、区）全覆盖。

"农村公路+"发展模式协同推进。江西省建立"农村公路+进村入组""农村公路+产业""农村公路+生态""农村公路+客货邮"等发展模式助推乡村产业振兴。大力实施"农村公路助力脱贫攻坚和乡村振兴提升工程",通过建设以双车道以上公路为主的旅游路、资源路、产业路、公益事业路、路网联通路等增强农村经济发展的内生动力,促进城乡融合发展。

二、通用航空机场加快完善

通用机场建设持续推进。2021年初,印发《江西省通用机场布局规划(2021—2035年)修编》,从顶层设计上抓好通用机场规划布局。成立了全省通用航空飞行的协调和服务平台——江西省通用航空协调运行中心。江西省域内划设瑶湖地区、吉安地区(2个)、浮梁地区、瑶里地区、鹰潭龙虎山地区和南昌高新地区共计7个临时空域和吉安桐坪通用机场至南昌瑶湖机场、南昌昌北国际机场至吉安井冈山机场2条临时航线作为本次江西省低空空域管理改革试点第一阶段空域。同时,共青城、浮梁、分宜、贵溪等通用机场项目正在加速推进,石城、定南、宁都、全南等地通用机场项目前期工作扎实推进。

三、农村邮政基础设施逐步健全

全力推动邮政快递基础设施建设。截至2021年底,全省邮政农村投递路线3248条,农村投递路线长度8.96万公里,设在农村的各类营业网点3906处,快递服务网点2444处。"两进一出"工程试点取得阶段性成效。全省行业现有较大投资项目26个,投资额195亿元,建成三级快递园区77个。京东"亚洲一号"、韵达江西快递电商总部基地、南昌和鹰潭邮件处理中心等重大项目加快推进,主要分拨处理中心全部实现自动化分拣,县级企业更新自动化、智能化分拣处理设备48套。南昌国际邮件互换局和国际快件监管中心建成运营并逐步升级扩建，开通9610❶、1210❷等跨境电商业务，实现"三关合一"，打通了江西进出口电商快速通关的"绿色通道"。截至2021年底，全省建成村级寄递物流综合服务站1.5万个。

第四节　综合交通枢纽体系逐步建成

一、枢纽城市布局加快构建

全省积极打造枢纽城市，优化综合交通枢纽布局，着力打造南昌—九江国际性门户枢纽，着力构建赣州、上饶、赣西组团全国性综合枢纽，建设了一批区域性以及县级综合枢纽，基本形成"一核三极多中心"综合交通枢纽体系，江西在中部乃至全国的交通枢纽地位明显提升。

打造南昌—九江国际性门户枢纽。南昌向塘国际陆港成功入选陆港型国家物流枢纽，也是江西省唯一入选"十四五"首批国家物流枢纽建设名单单位；南昌昌北国际机场航空物流枢纽基础设施建设加快布局；九江已纳入南昌国际枢纽体系建设，利用九江的港口优势，拓宽国际货运通道；九江航运交易中心开通运营、九江城西港区铁路专用线开通，提升了九江江海直达区域性航运中心功能，助力九江区域航运中心建设进入新阶段。

构建赣州、上饶、赣西组团全国性综合枢纽。联合国欧洲经济委员会正式添加赣州国际陆港临时永久对外开放口岸的铁路和公路功能，将赣州国际陆港正式纳入国际船公司的货运版图。商务部正式批复赣州国际陆港开展汽车平行进口试点，保持中欧班列常态化运行。上饶国际陆港已纳入《江西省"十四五"综合交通

---

❶ 海关监管方式代码"9610"，全称"跨境贸易电子商务"，简称"电子商务"。
❷ 海关监管方式代码"1210"，全称"保税跨境贸易电子商务"，简称"保税电商"。

运输体系发展规划》，并按国家综合交通枢纽建设要求加快推进建设。

建设一批区域性以及县级综合枢纽。其中，鹰潭是陆港型国家物流枢纽承载城市。鹰潭积极打造由鹰潭市现代物流园和鹰潭国际综合港经济区保税物流中心构成的鹰潭国际陆港，作为建设开放型经济平台的重要载体。2022年5月，鹰潭国际陆港正式开通运营。

二、综合客运枢纽不断完善

全省加快推进南昌昌北国际机场和南昌高铁东站2个特大型、赣州高铁西站等14个大型及一批中小型综合客运枢纽建设，推动高速铁路、城市轨道、城际铁路和高速公路等接入，积极推进综合客运枢纽建设，逐步提升枢纽服务水平和辐射能力。

南昌昌北国际机场综合交通枢纽场外排水工程及部分道路工程（莘洲大道、机场南路）项目先后启动，T2航站楼C指廊延伸工程基础结构项目、昌九高铁项目、南昌地铁1号线北延至昌北国际机场项目已开工建设。这些项目将极大地补充南昌昌北国际机场运行保障资源，实现多种交通方式的高效衔接与换乘，增强其综合客运枢纽功能。南昌高铁东站已与昌景黄高铁项目同步开工建设，其中，站房路基已经全部完成，东站综合客运枢纽已完成项目优化方案。赣州黄金机场T1航站楼二期改造工程完成可行性研究报告编制，三期改扩建已纳入《江西省"十四五"综合交通运输体系发展规划》；赣州西综合客运枢纽项目已成功备案，约1.5亿元项目总投资资金已落实。鹰潭市鹰西综合客运枢纽已通过主体工程验收。

三、综合货运枢纽持续推进

全省积极推进综合货运枢纽建设，建设九江红光国际港、南昌昌北国际物流港、南昌向塘物流港、赣州国际陆港等4个综合货运枢纽，推进铁路专用线建设，联运枢纽水平得到较大提高。

九江红光国际港先后开通至南通港、上海港、南京港、广州黄埔港航线及开行"穿巴航线"等，引入江西移动5G高性能网络技术对港口无线网络进行升级，在码头部署5G+AR全景视频场景；九江红光作业区综合枢纽物流园一期工程基本建成，标志着江西省内最大的临港物流园已具备投运条件。

南昌昌北国际机场国际航空物流枢纽与机场三期扩建工程同步开展，枢纽机场基础设施建设快速推进。"三通一达"物流企业、中国邮政跨境电商项目、顺丰智慧产业基地项目先后落户运营，南昌昌北国际机场新国际货站、南昌国际邮件互换局、南昌国际快件监管中心、海关通关中心"一货站三中心"先后建成运营，民航江西空管分局南昌区管中心项目已和南昌临空经济区（赣江新区临空组团）管委会正式签约，南昌邮件处理中心工程正式开工等，枢纽机场的货物转运、保税监管、邮政快递、冷链物流等综合服务功能得到快速提升。

南昌向塘国际陆港先后开通南昌至荷兰（鹿特丹）、越南（河内）、俄罗斯（莫斯科）等9条国际直达班列和南昌至深圳盐田港、宁波北仑港、福清江阴港、厦门高崎港等9条铁海联运集装箱外贸班列，200多家数字化、智能化的高端智慧物联企业纷纷抢滩落户南昌向塘国际陆港。

商贸服务性国家物流枢纽加快推进，以赣州国际陆港为核心，不断完善功能布局，陆续建成赣州国际港站、国际铁路集装箱中心、海关监管作业场所等核心功能区，成为全国内陆首个进境木材监管区、全国第八个内陆开放口岸、江西唯一的全国"一带一路"多式联运示范工程，建成全国内陆口岸中库容量最大的冷库、中国中部冻品储存量最大的冷链物流产业园。

抚州海西综合物流园（抚州国际陆港）建设取得重大进展，园区铁路专用线正式开通运营。

第三章
交通装备系统持续升级

交通装备及其制造是交通运输产业发展的重要支撑，交通装备体系建设是加快建设交通强国的关键环节。江西省以航空装备产业和汽车装备产业为重点，不断健全交通装备体系，加强交通装备研发和技术升级。江西省在发展先进适用和特色鲜明的交通装备系统过程中，始终坚持完整、准确、全面贯彻"创新、协调、绿色、开放、共享"的新发展理念，不断促进现代信息技术与产业链深度融合，产业链上下游更趋协同，运行效率得到进一步提升。面对新冠肺炎疫情，江西省及时建立"链长制"工作推进体系，通过抢时间、保进度、补短板、合理安排、科学应对，实现产业逆势增长。截至2021年底，江西省"万亿交通产业"目标已实现28%，其中航空装备产业和汽车装备产业的贡献率分别为50.1%和42.3%。

第一节 交通装备产业规模初显

一、奋力壮大航空装备产业

江西省构建"双轮驱动、多点支撑"的航空装备产业发展格局，逐步形成"四位一体"协同发展的航空产业体系，积极围绕飞机研发设计、生产试飞、大飞机部件、航空转包和零部件加工等完善航空产业链条。截至2021年底，江西省拥有2个飞机设计研究所、2个国家航空总装厂、2个国家级航空企业技术中心、

1个民航适航审定中心、8家航空整机制造企业和10个省部级航空重点实验室，现已成为我国教练机、直升机研制生产的核心基地，全国领先的民机生产试飞、民机大部件和航空配套设备生产的重要基地，国家通航产业发展的示范基地。南昌航空科创城和景德镇航空小镇集聚入驻一批融合配套企业，落户项目分别为70个和40个。航空工业江西洪都航空工业集团有限责任公司（简称"航空工业洪都公司"）承担了C919机体制造超1/4的份额，重型直升机总装落户景德镇，先进复合材料研究中心、航空标准件、航空电缆、无人靶机等一批重大项目相继签约落户。

2021年，江西省航空装备产业持续壮大。航空产业实现营收1413亿元，同比增长17.3%，其中航空装备产业规模位居全国前三；江西省人民政府办公厅印发《关于支持低空经济发展的若干措施》；江西航空研究院揭牌成立；新增认定2个航空类省级工程研究中心和2家通用航空产业规模以上企业；航空工业洪都公司已完成CR929相关双曲壁板试验件的研制；由我国自主设计建造的首个国产大飞机生产试飞中心全面竣工；中国商用飞机有限责任公司（简称"中国商飞"）在南昌开启异地完工交付新模式，首批下线ARJ21飞机交付；成功举办2021中国航空产业大会暨南昌飞行大会，签约项目24个，总金额265亿元。

> **专栏3-1 南昌航空科创城**
>
> 位于南昌东郊、瑶湖之畔的南昌航空科创城（图3-1），高起点规划、高标准建设，集航空整机飞机研发、航空部件研制、总部办公为一体，致力于打造与美国西雅图、法国图卢兹相媲美的国际航空城。至2021年底，已有航空工业洪都公司、中国商飞等龙头企业入驻，皮拉图斯完工交付中心、江西商用航空发动机工程项目、华彬航空南方总部基地等重点项目正有序推进。从举全国之力造出新中国第一架飞机，到自主研发制造具有世界先进水平的军机、民机，再到南昌航空科创城的建设与崛起……见证了江西实现"航空梦"的执着与定力。

图 3-1　南昌航空科创城

二、优化布局汽车装备产业

江西省汽车装备产业坚持积极引进知名企业和支持本土企业相结合，逐步形成南昌小蓝汽车产业集群、抚州金巢轻型汽车产业集群、章贡区汽车产业集群、景德镇微型车产业集群等重点汽车制造产业集群，形成集聚优势。围绕"2+6+N"产业发展需求，江西省汽车装备产业正在向电动化、智能化和网联化方向迈进。截至2021年底，江西省已有汽车整车企业11家，专用车企业17家，全国五百强企业1家，规模以上工业企业336家，营收过百亿元企业1家。

2021年，江西省汽车装备产业在稳步发展的同时，产业布局不断优化。汽车产量43.6万辆，规模位居全国第18位；汽车装备产业营收1185亿元，同比增长9.5%；江西理工大学联合政府和企业共建新能源汽车现代产业学院；南昌市制定新能源汽车产业链"链长制"工作方案；举行吉利上饶新能源客车年产5000辆整车项目签约活动；抚州市与比亚迪股份有限公司合作，实现大乘汽车脱困和重组发展；吉利科技集团有限公司与赣州市签订动力电池项目合作协议；宁德时代新能源科技股份有限公司与宜春市签署动力电池战略合作框架协议；江西省安业新能源有限公司聚合物锂离子电池生产线项目开工建设。

> **专栏 3-2　小蓝汽车产业集群**
>
> 　　南昌小蓝经济技术开发区发展成为全国主要的商用车制造基地，产业集群已经形成品牌效应，集聚了包括上海宝钢、江森自控、江铃股份、天纳克、美国伟世通、江铃控股在内的 150 多家企业的零部件产业项目，其中规模以上企业 89 家、上市公司 11 家；产品已涵盖轻型载货汽车、轻型客车、越野车、小客车和专用汽车多个领域；拥有 2 个国家级研发中心、13 个省级研发中心、2 个院士工作站、32 家高新技术企业；年生产整车数量占全省的 1/2、南昌市的 3/4，主营业务量占全省的 1/5。2021 年，南昌小蓝经济技术开发区汽车产业完成工业总产值 567 亿元，同比增长 5.4%，占园区比重 37.1%；完成营业收入 613 亿元，同比增长 8.6%，占园区比重 38.7%。

三、着力打造中小动力船舶产业

江西省围绕中小动力船舶装备产业，不断加快船舶配套产业发展，提高船舶配套产品市场占有率，提升特色船舶产品在国内外细分市场份额，已基本形成以九江为中心的船舶产业空间发展格局。截至 2021 年底，江西省拥有 2 个船舶领域国家级技术（研究）中心，拥有 31 家船舶生产企业，主要产品包括 1.65 万吨化学品船、1.2 万吨重型浮式起重机、1.2 万吨多用途船、7000~8000 吨成品油船、大功率拖轮、小型豪华游艇、内河运输船等；船舶年生产能力实现巨大提升，由不足 10 万载重吨发展到 200 万载重吨，单船制造由只能生产 3000 载重吨以下的小型船舶，发展到可生产 5 万载重吨的中型船舶。

2021 年，江西省中小动力船舶装备产业坚持走特色发展之路。船舶装备产业营收 206 亿元，同比增长 28.2%；引进 1 家新能源船舶制造企业；通过建设中船九江海洋装备配套产品产业区、中船九江国防电子信息装备产业园,打造了包括海洋装备配套在内的 1 个 5 亿元级产品群和 1 个 3 亿元级产品群。

专栏 3-3　同方江新造船有限公司发展特色船舶产业

2021 年 4 月,同方江新造船有限公司为山东省长岛海洋生态文明综合试验区建造的高速巡逻船"长巡 2019"解缆启航,前往目的地山东烟台交付。2021 年 6 月,为浙江省海洋生态环境监测中心建造的"中国环监浙 001"如期接水,该船舶是我国首艘千吨级近海生态环境监测船。2021 年 9 月,为广东海事局建造的 2 艘海事巡逻船"海巡 0921""海巡 0927"同时下水。2021 年 12 月,为应急管理部建造的大型水上综合应急救援工程船"中国应急九江号"完成船体合龙,该船将大幅提高长江流域水上应急救援能力,为长江流域航运提供有力的安全保障。图 3-2 为同方江新造船有限公司码头舾装。

图 3-2　同方江新造船有限公司码头舾装

四、积极培育轨道交通装备产业

南昌轨道交通产业园已纳入《江西省"十四五"综合交通运输体系发展规划》和《南昌市新型工业"十四五"发展规划》。南昌轨道交通产业园,以智慧轨道交通为引领,采取差异化发展策略,倾力打造"专业化、产业化、智能化、特色化、国际化"

千亿级特色园区和全国产城融合的典范。

> **专栏 3-4　南昌轨道交通产业园**
>
> 　　2021 年 3 月，南昌轨道交通产业园一期项目开工建设，到年底已有 23 家企业完成工商注册（迁址）入驻。由中铁工程装备集团有限公司和南昌轨道交通集团产业投资管理有限公司合资成立的江西中铁工程装备有限公司，于 2021 年 12 月落户入园，生产厂房已基本安装完成，被誉为"国之重器"的盾构机实现江西"本土造"。中国中铁股份有限公司、中国中车股份有限公司、中国铁建股份有限公司、华为技术有限公司等近 50 家企业将在智能轨道交通、机电集成设备、关键零部件制造、技术服务、科技研发等领域投资建设相关项目。

第二节　交通装备技术得到升级

一、航空装备产业技术研发

江西省航空装备企业不断研发新机型及关键部件。航空工业洪都公司在现有教练机、国产民机等系列产品基础上，发展新一代教练机和无人机，积极参与 CR929 远程宽体客机中后机身研制任务；航空工业昌河飞机工业（集团）有限责任公司（简称"昌飞公司"）在直升机研制方面坚持改进旧机型和开发新机型相结合，承担 C919 大型客机前缘缝翼和后缘襟翼两大部段的研制任务。

江西省航空装备产业不断加强关键共性技术、前沿引领技术、现代工程技术、颠覆性技术研发，取得一系列技术研发成果。2021 年，航空工业洪都公司在 CR929 大飞机机身复合材料研发制造上取得突破；北京航空航天大学江西研究院联合多家科研机构，成功研制出国内首台 6 轴 5 联动数控激光刻型装备，达到国际领先水平；江西联创光电超导应用有限公司作为主要研制单位，成功研制出世界首台兆瓦级高温超导直流感应加热设备，为解决"卡脖子"的国产化高端金属材料加工技术迈出了坚实的一步。

二、现代汽车装备产业技术研发

江西省前瞻布局智能网联汽车产业，不断推动创新技术应用。2021年，江铃汽车集团有限公司（简称"江铃集团"）打通汽车产业发展"最后一公里"，使得智能化、物联化、网联化科技成果实现向现实生产力转化，智能汽车由实验室进入路试阶段，江铃汽车达到L4级自动驾驶标准；江铃集团"新世代全顺Pro项目"，代表了智能网联技术的高度集成；南昌小蓝经济技术开发区与华为技术有限公司签署《华为（江西）智能网联汽车产业创新中心合作协议》，共建华为（江西）智能网联汽车产业创新中心，推进智能网联示范区建设、华为RSU（路侧单元）等产品生态合作落地。

在新能源汽车及"三电"产业方面，引导企业深化新能源汽车相关技术研究。江铃集团所属江铃重型汽车有限公司研发的两款氢燃料电池载货汽车已被列入工业和信息化部新能源汽车推广应用推荐车型目录，具备上市销售条件；孚能科技（赣州）股份有限公司正在开发400W·h/kg高能量密度电池技术；江西星盈科技有限公司量产电池的比能量达到240W·h/kg，同时掌握了锂电池正极材料——811高镍材料制备技术。

三、船舶产业技术改造升级

江西省不断推进船舶企业技术升级，完成了一批智能车间、智能总装车间等项目的升级改造，船舶产业的智能化水平得到整体提升。江西省在积极培育和引进新能源船舶制造企业的同时，船舶产业不断向数字化、绿色化和现代化方向发展。重点骨干船舶企业积极参与构建三维数字化设计与工艺设计的软件系统，推动完工产品数字化交付，将数据中心、业务系统、设备管理逐步向云平台迁移。

> **专栏 3-5　江西省传统船舶岸电系统受电设施改造情况**
>
> 2021年，上饶信江航运有限公司"信江9988"货船率先完成岸电系统受电设施改造，实现江西省船舶岸电系统受电设施改造零的突破；江西省港航运输有限公司的"赣远31号"集装箱船，成为南昌市首艘完成岸电系统受电设施改造的船舶。传统船舶岸电系统受电设施改造升级，对协同推进长江经济带生态环境保护和减污降碳目标实现具有积极意义。

第四章
综合运输服务水平持续提升

江西省始终以满足人民日益增长的美好生活需要为根本目的，以交通强省建设为统领，以综合运输服务高质量发展为导向，不断完善综合运输服务体系，加快推动现代交通运输服务业建设。交通运输对全省经济社会发展的支撑作用显著增强，人民群众对交通运输工作的获得感、幸福感、安全感更加充实、更有保障、更可持续。

第一节 综合客运服务质量稳中有升

一、群众品质化快速化出行需求逐步满足

江西省始终坚持以人民为中心的发展思想，不断提升交通运输的效率和品质，群众满意度名列全国前茅。2021年，全省完成营业性客运量25675万人次、旅客周转量604亿人·公里。其中，公路客运量占比为58.3%，同比下降19.6%；铁路、民航、水运客运量占比分别为35.7%、5.3%、0.6%，同比分别增长16.8%、2.4%、0.3%，以通达度最深、服务面最广的公路运输为基础，以高铁、民航构筑的城际快速客运服务为主体的旅客运输市场逐步完善。运输经济性、时效性、可达性、舒适性、便利性、安全性等客运服务品质不断提升，春节、国庆等重要节假日大规模客流的服务保障能力持续提高，运输服务的通达性和保障

性显著增强,实现由过去"走得了"向现在"走得好"的巨大转变。

2012—2021年江西全省各类交通运输方式客运量占比如图4-1所示。

图4-1 2012—2021年江西全省各类交通运输方式客运量占比

二、城市公共交通坚持优先发展

江西省积极倡导以公共交通为导向的城市发展模式,不断加快转变城市交通发展方式,大力提升城市公共交通保障能力和服务水平,国家公交都市或省级公交城市创建覆盖全省。2021年,全省城市公交运营线路2312条,同比增长6.5%;运营线路总长度51781公里,同比增长6.2%;完成客运量94061万人次,与上年基本持平。巡游出租汽车载客里程达87433万公里,同比增长5.2%;里程利用率78.8%,同比增长17.8%;完成客运量4109万人次,同比增长89.6%。南昌轨道交通开通运营里程128.5公里,增加39.6公里;完成客运量25602万人次,同比增长88.3%;完成旅客周转量165268万人·公里,同比增长77.6%。城市公共交通的骨干作用日益凸显,公共交通出行分担率逐步提高,运行效率和服务水平持续提升。

专栏 4-1　南昌轨道交通线路运营情况

截至2021年底，南昌地铁运营线路共4条，分别为1号线、2号线、3号线、4号线，设车站94座（其中换乘站9座），线路示意图如图4-2所示。各线路具体情况为：1号线起点为双港站，终点为瑶湖西站，全长28.84公里，设站24座；2号线起点为南路站，终点为辛家庵站，全长31.51公里，设站28座；3号线起点为银三角北站，终点为京东大道站，全长28.5公里，设站22座；4号线起点为白马山站，终点为鱼尾洲站，全长39.6公里，设站29座。同时，南昌地铁在建线路为1号线北延线、东延线和2号线东延线，总长约31.75公里。

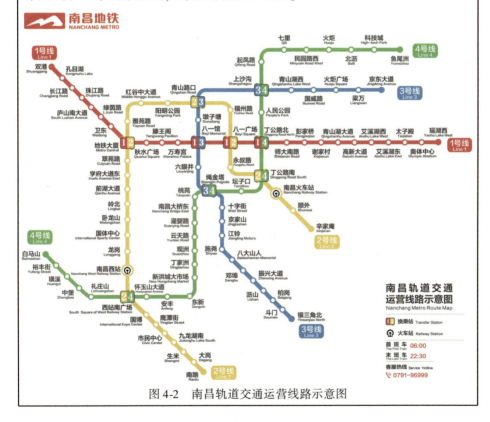

图 4-2　南昌轨道交通运营线路示意图

三、旅客联程运输服务快速发展

江西省不断完善旅客联程运输服务设施布局，持续推进综合客运枢纽一体化规划、同步建设、协调运营、协调管理，加强铁路、公路、水运、民航及城市公共交通等出行方式有效衔接，充分发挥各客运方式的比较优势和组合优势，以高铁、民航为主导的公铁联运、公空联运等旅客联程运输服务模式逐步完善。不断提高旅客联程运输信息化水平，积极鼓励综合客运枢纽建设综合信息服务平台，推动实现不同客运方式间实时共享公共客运服务信息，促进智慧交通服务全覆盖。积极开展电子票务、无感安检、智能引导、快捷登乘、行李托运等一体化全程服务体系，旅客联程运输服务水平稳步提升。

四、城乡客运服务均等化水平逐步提升

江西省积极推进城乡客运一体化发展，提升城乡客运均等化服务水平，努力保障城乡居民共享交通发展成果。大力推动城市公交向周边延伸，鼓励有条件地区开通城际公交化班线。截至2021年底，全省共有出城公交线路1225条，其中，延伸公交线路1158条、城际公交线路67条，涉及车辆5216辆。深入实施农村客运公交化改造，坚持城市公交下乡和农村客运进城双向互动，因地制宜推进城乡公交与城市公交线网深度融合，积极扩大城乡公交覆盖面，城乡居民出行条件得到极大改善。

第二节 现代物流服务成效显现

一、现代物流支撑作用日益增强

江西省充分发挥现代物流业的战略支撑作用，推动现代物流业高质量发展，为全省经济社会健康有序运行和满足人民群众美好生活需要提供有力保障。2021年，全省社会物流总额达7.5万亿元，居全国第13位；社会物流总费用与地区生产总值的比例为

15.28%，同比降低0.37个百分点；物流业增加值1925亿元，占服务业增加值的13.7%，占地区生产总值的6.5%。商贸物流总额完成2.3万亿元，同比增长24.7%。全社会营业性货运量完成19.9亿吨，同比增长26.4%，其中公路、铁路、水运货运量分别完成18.1亿吨、0.48亿吨、1.28亿吨，同比分别增长27.6%、5.8%、20.1%；民航货邮吞吐量完成17.9万吨；快递业务量完成16亿件，同比增长42.9%。全省港口完成货物吞吐量2.3亿吨，同比增长22.1%；完成集装箱吞吐量78.2万标箱，同比增长3.7%。

二、多式联运发展深入推进

江西省始终以推进多式联运发展作为优化调整运输结构、提高现代物流服务体系综合效率的重要着力点，大力推进公铁、公水、铁水等联运方式发展，推动大宗货物及中长距离货物运输向铁路和水运有序转移。2021年，赣州国际陆港"一带一路"多式联运示范工程成功成为国家多式联运示范工程；九江港"一带一路"集装箱多式联运示范工程、九江港彭泽港区红光作业区综合枢纽多式联运示范工程、江西欣盛内陆无水港铁路集装箱综合物流园多式联运示范工程、万佶网络货运平台公水联运示范工程、中新物流公铁联运示范工程等省级多式联运工程建设加快推进。重点港口、物流园区多式联运集疏运体系逐步完善，2021年成功开行通往浙江宁波港、福建江阴港、福建厦门港、广东深圳盐田港4条常态化铁海联运外贸快速班列，打通江西腹地4条出海大通道。多式联运"一单制"、多式联运信息共享、多式联运经营人培育等机制创新稳步推进。

三、城市物流配送体系加快构建

江西省积极促进城市物流产业升级，提高城市物流配送效率，降低配送服务成本。南昌、九江、赣州、鹰潭被列为国家物流枢纽承载城市；赣州商贸服务型国家物流枢纽、南昌陆港型国家物流枢纽、九江港口型国家物流枢纽入选国家物流枢纽建设名单；赣州被列为全国现代物流创新发展试点城市；南昌、赣州、宜春、鹰潭被列为全国城乡高效配送试点城市，抚州、上饶被列为省级城乡高效配送试点城市。以综合物流中心、公共配送中心、末端共同配送站为主的城市物流配送网络基本建立。共同配送、统一配送、集中配送、分时配送等集约化城市物流配送模式有序展开。统一推广厢式、封闭式货运车辆，持续规范城市配送货运车辆，积极推行分车型、分时段、分路段通行管控，科学释放配送车辆通行路权。积极推动南昌、赣州、上饶等地进入绿色货运配送示范工程创建城市名单。

四、农村物流服务体系逐步完善

江西省加快实施农村物流服务体系建设，全面助力乡村振兴，农村物流服务农产品进城、工业品下乡的能力显著增强。由县域物流园区（配送中心）、乡镇配送节点和村级公共服务点构成的三级农村物流配送体系建设成效显著。截至2021年底，全省邮政邮路总条数1704条，邮路总长度20.81万公里；快递服务网路条数3994条，快递服务网路长度45.9万公里；快递服务网点7610处，其中设在农村2444处，覆盖全省县、乡镇、村。同时，全省积极推广"互联网＋第四方物流"供销集配体系建设，在全省93个县建成集配中心，搭建集配网点8600个。积极创新农村物流服务发展模式，农村客货邮融合发展全面推进，培育了一批具有江西县域特色的农村物流服务品牌，其中，分宜县"城乡公交＋物流电商＋共同配送"入选全国首批农村物流服务品牌，安福县"交邮商农供融合发展"、安远县"智运快线＋数字平台"、泰和县"电子商务+农村物流"入选全国第二批农村物流服务品牌，新余市渝水区"整合供销交邮电商资源，助力乡村振兴"入选全国第三批农村物流服务品牌。

> **专栏4-2　分宜县客货邮融合发展情况**
>
> 　　江西省新余市分宜县依托较为完备的农村公路网、国家级电子商务进农村综合示范县和城乡公交一体化优势，积极构建县—乡—村三级物流配送体系，整合物流、城乡公交、邮政等资源，促进城乡客运网、邮政网、物流网融合发展，在全省推出"交邮合作"暨"快递抱团+邮政公司+城乡公交+电子商务"服务模式。截至2021年底，全县10个乡镇已全部建有电商快递综合服务中心，134个建制村中有78个建有村级电商快递服务站。全部建制村通过"交邮合作"实现村村通快递，农村邮件投递时限由原来的2~4天变成当日到达。图4-3所示为新余市分宜县农村电商物流快递分拣中心。
>
>
>
> 图4-3　新余市分宜县农村电商物流快递分拣中心

第三节　新业态新模式不断涌现

一、"互联网+交通"创新发展深入实施

江西省积极应用互联网技术赋能交通运输业，推动交通运输

创新发展,让出行更美好。货运物流融入"互联网+"进程加快,截至2021年底,全省网络货运经营企业达到83家,有效推动行业向集约化、规模化、标准化、智能化方向发展。在全国率先实现二级及以上公路客运站联网售票、12328交通运输服务监督热线部省市三级联网运行,12328交通运输服务监督热线运行服务质量连续位居全国前列。积极对接"赣服通"应用,2021年完成交通运输专区建设,实现了交通公众出行服务掌上查询和办理。鼓励开展定制客运服务,满足群众"点到点""门到门"的出行需求,截至2021年底,全省初步形成涵盖主要客流集散点和重要节点的定制客运服务网络。网约车、共享单车、共享汽车等出行新模式实现快速发展。

图4-4所示为江西省交通监控指挥中心12328电话服务中心。

图4-4 江西省交通监控指挥中心12328电话服务中心

二、"交通+产业"融合发展效果显著

江西省积极策应全域旅游发展战略,推动"交通+旅游"融合发展,合理布局全省旅游交通网络,完善旅游交通基础设施,推动客运枢纽、高速公路服务区、水上服务区等交通设施旅游功能改造。全省旅游专列、观光巴士、观光游轮、旅游风景廊道、

航空小镇等"运游融合"服务产品蓬勃发展。同时，全省始终坚持人民交通为人民，一以贯之惠民生，积极强化农村公路对乡村产业发展的支撑作用，大力推动"交通+特色产业""交通+旅游产业"等扶贫模式发展，全省贫困地区累计完成旅游路、资源路、产业开发路建设1620公里，为全省打赢脱贫攻坚战、全面建成小康社会提供了坚实支撑。

第五章
交通科技创新焕发活力

江西省聚焦道路、航空等交通装备的创新发展需求，采取重点研发计划、"揭榜挂帅"等多种方式，精心组织、遴选、实施一批科研攻关项目，解决一批关键共性技术难题，推动形成一批具有自主知识产权的核心技术，进一步增强交通装备行业高质量发展的技术创新能力，促进交通运输发展由依靠传统要素驱动向更加注重创新驱动转变。近年来，江西省在基础设施、交通装备、运输服务、智慧交通、交通安全、绿色交通等方面取得了一批科技创新成果，交通科技创新焕发活力。

第一节　交通科技创新能力不断增强

一、交通科技创新体制逐步健全

江西省按照国家科技体制改革和创新体系建设相关政策要求，聚焦适应交通强省需要的科技创新体系构建，不断完善以企业为主体、产学研用深度融合的技术创新机制，建立健全以创新为导向的国有企业经营业绩考核和分配机制，提升企业对科技创新规划、计划、政策和标准的参与度；不断完善科技创新人才引进、培养、使用和评价激励机制，深入实施科技创新人才推进计划，优化高校前沿交叉学科布局，推动科学研究人才、高端智库人才、技能型人才协同发展，交通领域高层次科技人才不断涌现，逐渐形成梯队化的科技创新人才队伍；不断扩大高校和科研院所科研相关自主权，推动依法依规实施章程管理，允许符合条件的单位根据实际适当增加高级专业技术岗位比例，推动实施交通运输科研项目经费包干制和关键核心技术攻关"揭榜挂帅"机制。

> **专栏5-1　航空工业洪都公司逐步健全科技创新体制**
>
> 　　为了激发人才创新创造活力，提高自主创新能力，航空工业洪都公司采取分层分类调整薪酬策略，提高市场稀缺性手工作业技能岗位薪酬待遇，实施科技成果创新创效专项奖励，探索实施"揭榜挂帅"机制和模拟超额利润分享机制，加大对科研骨干的激励力度。2021年，研究经费增长273.5%，人均科研效率较上一年度提升64%，实现"两机首飞、三型装备定型"，创造利润5000余万元，预研项目数量增加58.3%，突破了多项科研、生产中的瓶颈问题，推动了产业发展。

二、"产学研用"创新机制逐渐形成

轨道交通基础设施运维安全保障技术国家地方联合工程研究中心与国内外科研机构和高等院校开展全方位、多角度、多层次科学研究、人才培养、基地建设和成果转化等立体式交流与合作；"智赣行"项目由江西省交通运输厅牵头，联合高校、科研院所和企业，组成"产学研用"科研团队，在国内打造一张融合高速公路骨干通信、卫星定位、车路交互的工业级智慧公路车路交互网；江西省人民政府与北京航空航天大学省校合作，成立北京航空航天大学江西研究院；景德镇人民政府与北京航空航天大学合作共建高端人才培养"产学研用"一体化平台；同济大学和江铃集团合作，成立同济大学南昌汽车创新研究院（南昌智能新能源汽车研究院）；江西理工大学联合赣州市人民政府和汽车企业，构建"政—企—校"三级联动机制，创新新能源汽车产业人才培养体系。

三、交通科技创新平台建设取得突破

2021年3月，轨道交通基础设施性能监测与保障国家重点实验室在华东交通大学正式挂牌；2021年6月，由江西省科学技术厅、南昌市科技局、南昌高新技术产业开发区管委会、航空工业洪都公司、南昌航空大学五方共同组建的江西航空研究院成立；2021年1月，江西省交通运输厅与华东交通大学共同组建的交通强省研究院成立；2021年8月，中船海洋装备配套产品产业区及创新平台项目落户九江。另外，江西省航空特种铸造工程研究中心和江西省旋翼动部件工程研究中心被认定为航空类省级工程研究中心；昌飞公司航空应急救援重点实验室被认定为江西省重大创新平台。截至2021年底，全省交通运输行业科技平台总数达33个，其中国家级科技平台2个、省部级科技平台25个。

> **专栏5-2　轨道交通基础设施性能监测与保障国家重点实验室**
>
> 2021年1月，轨道交通基础设施性能监测与保障国家重点实验室获科技部正式批准。该实验室拥有特聘院士2人、长江学者1人、国家杰青2人、青年长江学者1人、国家"百千万人才工程"人选5人、江西省主要学科和技术带头人9人、"赣鄱英才555工程"领军人才8人。2021年，实验室获省部级奖励5项，获批国家和省级各类科研项目44个、经费超1600万元，获授权发明专利40项。

四、交通科技创新成果丰硕

通过健全科技创新体制和建设科技创新平台等一系列措施，江西省交通科技创新活力不断释放，交通科技创新能力明显增强，在交通基础设施、绿色环保、交通安全、智能建造等方面取得了一批重大关键技术成果，取得了以世界首条永磁磁浮轨道交通工程试验线——"红轨"为代表的一批重大科技创新成果。2021年，

江西省科学技术厅登记交通科技创新成果 87 项；批准省重大科技研发专项 1 项、"揭榜挂帅"关键技术类 1 项、自然科学基金重点项目 2 项、重点研发计划重点项目 12 项；交通运输行业获得省部级奖励 23 项，其中江西省科技进步奖 11 项、江西省技术发明奖 1 项、中国交通运输协会科技进步奖 5 项、中国公路学会科技进步奖 6 项。

> **专栏 5-3　世界首条永磁磁浮轨道交通工程试验线——"红轨"**
>
> 2022 年 8 月 9 日上午，由江西理工大学牵头，与兴国县人民政府联合中铁第六勘察设计院集团有限公司、中铁高新工业股份有限公司、国家稀土功能材料创新中心等单位共同完成的永磁磁浮轨道交通工程试验线——"红轨"在赣州市兴国县顺利竣工。"红轨"是世界首条永磁磁浮轨道交通系统工程试验线，它的建成标志着一个安全、便捷、高效的中低速、中低运量的新制式轨道交通系统的诞生。稀土永磁磁浮轨道交通系统实现了永磁悬浮技术与空轨技术的完美结合，是继电磁悬浮、超导磁浮之后，开辟的一种新的磁悬浮技术路线，具有完全自主知识产权，是稀土材料应用及永磁磁浮轨道系统研究的又一重大成果。
>
> "红轨"具有绿色、智能、安全、经济的显著特点：系统实现零功率悬浮、低功耗运行；运行过程中不产生废气排放和电磁辐射，对人体和环境无伤害；应用 5G 通信、北斗定位、智能传感等信息技术，深度互联和智能融合列车、乘客、环境、设备等实体信息；有独立路权，不受其他交通工具的干扰；系统能耗和运维成本小，90% 的材料可以循环利用。

第二节　智慧交通建设取得成效

一、智慧交通政务管理与服务能力显著提升

江西省扎实开展智慧交通政务管理与服务平台建设，基本实现主要业务系统在线化、协同化和平台化，不断完善公路、水路

和城市道路运输等综合业务管理系统，行业治理能力不断提升。持续完善普通公路、高速公路和道路运输综合业务管理应用，实现公路日常养护巡查、养护工程项目进度、桥隧的动态管理，持续推进公路养护过程管理智能化、养护决策科学化和管养数据可视化，持续升级道路运政管理系统，运营管理服务水平显著提升。铁路系统持续推行"智慧铁路"出行服务，推进轨道交通智慧安全管理、智能安控云平台等智慧化服务平台建设。强化智慧赋能引领民航业高质量发展，构建便捷高效的民航体系，打造"VR+机务"助推智慧民航建设；江西省政务服务管理办公室、江西省信息中心、中国东方航空股份有限公司江西分公司共建数字政务和智慧航空服务平台，提升民航服务水平。邮政领域，大力推动数字邮政顶层设计、数字化基础设施升级和邮政普遍服务升级换代，在智能安检系统以及推进大数据、人工智能、5G、物联网、数字地图、无人机等先进技术同产业深度融合等方面取得明显成效。航道运行管理平台建成调试，智慧港航建设取得成效，"互联网+"现代化港航"智"理体系逐步完善，应用场景不断丰富。

> **专栏 5-4　九江市智慧港航建设**
>
> 　　九江市积极推进智慧港航建设，实现了与九江海事局、长江航道局、泸州港和南昌港数据共享，推广应用无人机巡航监管、视频监控调度、船舶自动识别、甚高频无线通话、船舶污染物监管服务等信息化平台，建设和推广应用智慧港航综合物流、全程物流跟踪、口岸查验等服务平台，推进智慧港航一张图项目研究及建设，提升港航多要素交互联动性、可视化度、现代治理和科学管理水平。

二、智能决策和智慧监管能力不断提升

江西省不断完善智慧交通综合监管平台建设，推进智能感知网络建设，深化综合协调调度与应急指挥、运行监测与辅助决策

等应用，运用信息化手段提升公路、水路、道路运输、工程建设等领域安全监管能力。在完成交通监控云联网工程和普通干线路网运行监测与应急处置平台建设的基础上，加强综合交通运输运行协调和应急指挥系统、国省干线公路交通情况调查系统以及交通运输安全生产监管监察和工程质量监督信息系统的建设，不断完善道路运输安全监管平台、水路运行监控平台以及全省道路运输车辆卫星定位系统政府监管平台，实现了安全生产重大风险和重大隐患的数字化管理、安全督查检查工作考评的在线跟踪督办和年度目标考核在线管理，提升了安全生产监察和质量监督能力。

三、智慧出行服务水平持续提高

江西省持续完善全省公共信息服务平台和道路运输信息服务平台建设，利用信息技术优化运输组织，持续推进"互联网+"便捷出行服务，积极对接"赣服通"应用，持续提升12328交通运输服务监督热线运行服务能力。2021年10月，江西省交通投资集团南昌南管理中心在市地级普通收费车道的基础上增设"先行后缴"专用车道，形成感知、监测、梳理、取证等一套完整智能体系。

公共交通智能化应用示范工程结合公交行业信息化基础建设，构成了多元化、立体化公共交通信息智能感知体系，为公共交通运营管理智能化提供了数据支撑。2021年5月，南昌市依托"北斗+智慧市政"项目，完成1000台北斗高精度公交一体机设备的安装和调试。2021年7月，南昌市首个囊括多种便民设施的智慧公交站台投入使用。

第三节　先进技术应用加速推进

一、"一中心、三平台"总体架构基本形成

江西省落实国家电子政务"大平台、大数据、大系统"的总

体要求，以部省联网、示范试点工程为牵引，大力推进智慧交通大数据中心、智慧交通政务管理与服务平台、智慧交通综合监管平台、智慧出行与物流信息服务平台建设，数字交通实现了跨越式发展。2021年，遵循"统筹、集约、高效、协同"原则，《江西省交通运输厅信息化项目建设管理办法》和《江西省交通运输厅2021年信息化工作要点》印发，制定推进"一中心、三平台"全面完成及推广应用时间表，以"一中心、三平台"为总体架构的智慧交通管理体系加速形成，有力提高了数字交通建设质量。

强化信息化应用，巩固智慧交通建设成果。江西省综合交通运输事业发展中心、江西省高等级航道事务中心、江西省交通运输综合行政执法监督管理局3个单位涉及信息系统（37个）划转工作全面完成；全省所有营运客车、危险货物运输车辆全部安装4G视频实时监控设备和主动预警装置，经营环境进一步净化；建成400余个不停车治超检测点，全省"一张网"同步推进的治理格局加速形成，普通国省道超限率控制在3%以下，执法环境进一步改善；核心业务应用在线化、协同化、平台化，有效支撑省、市、县三级在线管理和跨部门、跨区域业务协同，实现与江西省一体化政务服务平台对接，事项对接率达100%。邮政领域大力推进智能视频、智能安检、智能语音和通用寄递地址编码，以及邮政快递无人机、无人车、无人仓的研发及试点应用。推动北斗卫星导航系统在自动驾驶、智能航运、智能铁路、智慧民航、智慧邮政等领域的创新应用，加快北斗卫星导航系统在交通基础设施勘察设计、建设、管理、运营和运输服务领域的推广，构建北斗交通产业链。

二、新一代交通控制网和智慧公路示范工程基本完工

江西省是交通运输部加快推进新一代国家交通控制网和智慧

公路试点省份之一，重点发展北斗高精度定位综合应用和基于大数据的路网综合管理两个方向。试点融合人工智能、大数据、智慧物联、北斗卫星导航定位、车路协同和高精度地理信息系统等先进技术，构建面向国家交通控制网的智慧公路。

试点工程依托昌九高速公路改造，建设交通控制网路侧智能站系统、北斗卫星导航增强系统、交通基础设施健康监测系统、雷达交通事件检测系统和基于视频的交通智能分析系统，构建智慧公路交通控制传输网，在南昌北管理中心、昌九高速公路收费站及路侧智能站部署安全设备。至2021年底，试点工程项目已基本完工，服务平台已部署在南昌北信息中心。

三、省级科技示范路及亮点品质提升工程稳步推进

江西省以提升交通运输安全和信息服务水平为出发点，通过运用信息化和智能化系统，稳步推进普通国省干线公路"畅安舒美"省级科技示范路及亮点品质提升工程，打造更安全、更畅通、更环保、更高效的公路交通网。

专栏5-5　普通国省干线公路"畅安舒美"省级科技示范路及亮点品质提升工程

经过1年多的建设，截至2021年底，全省累计完成科技示范路941公里，完成亮点品质提升工程500公里；建成视频设备1074套，实际接入1022套；建成交调设备39套，实际接入27套；情报板设备应接入231套，实际接入224套；建成桥梁监测设备30座，实际接入27座；建成边坡监测设备37座，实际接入31座；建成融冰除雪设备23套，实际接入21套；建成弯道预警设备405套，实际接入255套；建成雾区引导设备4套，实际接入4套；建成护栏防撞设备185套，实际接入120套。通过建设信息化基础设施，实现各类运行监测信息的自动采集、汇聚与联网，为江西省智慧交通建设、交通运输安全和信息服务水平提升提供数据支撑。

四、赣鄱黄金水道智能航运发展试点工程进展顺利

江西省推进交通强省建设领导小组办公室于 2021 年 5 月印发《推进赣鄱黄金水道智能航运发展试点实施方案》，试点工作重点围绕"智能港口、智能航保、智能船舶、智能航运监管和智能航运服务"五大要素，开展智慧航道、智慧船闸等十大重点任务，加快推动江西省内河水运新型基础设施建设。水路运输综合管理信息系统完成了工程可行性研究报告编制，计划已完成调增；江西省电子航道图已挂接长江电子航道图 App，实现干支联动；赣江龙头山船闸试点已推行过闸申请微信小程序，下一步将结合全省智慧船闸建设和"赣航通"智慧船闸 App，扩展开发全省船闸过闸 App。

专栏 5-6　赣鄱黄金水道智能航运发展试点工程

江西省高等级航道事务中心、江西省港口集团、江西省交通科学研究院 3 家试点实施单位密切配合，有序推进第一阶段各项试点任务的落地，试点成效初步显现。依托九江港彭泽港区红光作业区综合枢纽码头一期、综合枢纽物流园工程，开展红光码头一期的智能化升级建设项目；依托信江高等级航道整治工程，建设信江红卫坝至褚溪河口 231 公里智慧航道；依托信江航运枢纽项目和界牌枢纽船闸改建工程，建设信江智慧船闸集控调度中心；依托万安枢纽二线船闸工程，建设赣江智慧船闸集控调度中心；依托信江高等级航道整治工程工作船采购项目和江西省高等级航道事务中心航道测量船采购项目，对新建造的 8 艘船艇实施智能机务管理系统建设。值得一提的是，信江智慧航道工程等 4 个项目入选交通运输部"十四五"新基建重点工程。

五、车路协同技术应用稳步发展

政策层面上，《关于推进交通强省建设的意见》和《江西省

"十四五"智能制造发展规划》明确指出,加快布局和重点发展智能网联汽车。科研层面上,同济大学和江铃集团合作,成立了同济大学南昌汽车创新研究院(南昌智能新能源汽车研究院)。企业层面上,江铃陆风、汉腾汽车、爱驰汽车、合众汽车、国机汽车等本地汽车品牌,均已布局智能网联汽车。实践层面上,完成了车路协同无人驾驶试验,构建了车路协同安全控制与服务系统。

2021年5月,江西移动在上饶打造标准化、智能化的5G-V2X❶网联汽车试验场,搭建16条模拟道路与34个网联汽车应用场景,并制订分级决策自动驾驶解决方案,支持多厂家、多型号、多平台的车辆、路侧基础设施接入。2021年10月,南昌小蓝经济技术开发区与华为技术有限公司签署合作协议,共建华为(江西)智能网联汽车产业创新中心。

六、5G交通场景应用不断推广

江西省积极推进5G在交通领域的融合应用,培育应用场景,构建创新应用生态。2021年第四届"绽放杯"5G应用征集大赛江西区域赛上,共征集20个5G在交通领域的应用项目,其中"5G+车联网"项目12个、"5G+智慧物流"项目7个、"5G+港口"项目1个。江西省科学技术厅在《2021年度03专项工作要点》中,重点支持"5G技术下的智慧交通智能识别系统研发及产业化""基于5G的公路桥梁检测监测云智平台研究及工程示范"等项目,要求开展"5G+法治交通"示范应用探索。

---

❶ V2X:Vehicle to Everything,车对外界的信息交换。

第六章
安全保障体系日臻完备

江西省扎实推进安全生产专项整治三年行动集中攻坚，行业安全生产形势保持总体稳定，安全保障能力得到提高。依托重点公路水运工程，"平安百年品质工程"试点稳步推进。围绕"消除事故隐患，筑牢安全防线"主题，通过开展教育培训、隐患曝光、问题整改、经验推广、案例警示、监督举报、知识宣传普及等活动，推动铁路安全生产难点问题解决，促进铁路安全生产水平提升和安全生产持续稳定。坚持"安全第一"，始终把"确保航空运行绝对安全，确保人民生命绝对安全"作为最大的政治责任，严格落实"对安全工作隐患零容忍"和"六个起来"工作要求，扎实开展安全整治、作风治理和"三防一保"（防松懈、防麻痹、防违章，保安全）工作，定期开展质量安全监督检查，确保空管运行安全平稳可靠。通过完善治理体系、健全共建共治机制、加强市场监督、优化营商环境，提升邮政业现代治理水平，保障行业安全发展。

第一节 交通本质安全水平稳步提升

一、基础设施安全保障能力得到提高

江西省结合行业安全生产专项整治行动，推动行业各领域隐患排查治理工作走深走实。各单位深化道路运输企业安全隐患排

查治理，加强多部门联合监管，全省道路运输安全隐患整治攻坚行动各项目标任务顺利完成。同时，实施交通基础设施安全保障能力提升工程，深入推进公路安全生命防护工程建设，实施农村公路危桥改造计划，开展重点高速公路交通安全示范路建设，提高基础设施安全保障能力。建成覆盖沪昆高铁、合福高铁各主要线路桥隧、复杂区段重点部位以及车站等人员聚集重点场所的治安防控系统，以科技手段解决铁路安全防控难题。民航江西空管分局管制值班和管理业务用房竣工投入使用，南昌昌北国际机场三期扩建工程空管项目有序推进；相继完成自动化系统升级、进近和区域扇区增设、进离场航线优化、管制应急接管室搭建和塔台地面席增设等。成立7个市级邮政业安全中心，市级安全中心组建覆盖率超过63.6%，为夯实监管力量、推动邮政行业健康安全发展奠定坚实基础。

专栏6-1　"平安百年品质工程"试点工程

打造"平安百年品质工程"被列为交通强国建设江西省试点任务之一。截至2022年6月，《打造"平安百年品质工程"试点实施方案》提出的40项试点任务中，已顺利完成9项，其中完成地方标准编制6项；江西省交通建设领域围绕"品质工程"创建共出台政策文件2项；完成平台研发1项，即公路水运工程质量监管平台；各重点项目结合自身实际积极开展科研创新，累计开展课题研究55项，形成工艺工法49项，获得发明专利4项、实用新型专利43项。

二、科技治超新模式取得阶段性成效

江西省大力推广科技治超新模式，积极推动治超平台建设，积极创新尝试"互联网+监管"新模式，依托不停车超限检测点因地制宜开展适合不同场景的非现场执法，开启全天候"守护"。全省先后建成两批共429个不停车检测点，"一张网"同步推进的治理格局加速形成。高速公路超限率不断下降,在全国并列第一;普通国省道超限率从 7.26% 下降至 2.78%,降幅达 61.7%;固定治超站路段超限率控制在 1% 以内;"百吨王"案件降幅达 80%。

此外,江西省综合交通运输事业发展中心开发建设了全省统一的公路货车超限超载综合信息管理平台,完成了治理超限超载基础管理系统、治理超限超载执法处罚及监察系统、大件运输并联许可系统及治超 App 的建设,构建了全省统一的治理超限超载数据资源体系。

三、运输安全问题隐患得到监管整治

江西省加强安全监管执法,发挥危险货物道路运输安全监管系统精细化监管作用,紧盯"两头在外"危险货物车辆营运安全,抓好常压液体危险货物罐车治理,稳慎管理危险废物跨省转移运输,着力打造"平安交通"。深化推进全省铁路沿线安全环境治理工作,推动路地双方建立实施"双段长"制,公铁并行路段防护设施基本完成移交。聚焦道路运输、水路运输、工程建设、行业执法等重点领域开展常态化扫黑除恶专项整治,行业乱象得到有效遏制。

第二节 交通安全生产体系持续健全

一、法规制度基本健全

为加强交通运输安全管理,防止、减少交通运输安全事故,保护人身和财产安全及保障交通运输安全畅通,江西省第十三届人民代表大会常务委员会第三十四次会议审议通过了《江西省铁路安全管理条例》和江西省首部水路交通综合性地方法规《江西

省水路交通条例》。这两部条例的颁布，为全省构建综合交通运输体系和建设交通强省提供了坚强的法治保障。民航领域编定实施了质量管理手册和安全管理手册，建立了完整规范、科学有效的质量安全管理体系。针对全省交通安全管理中的薄弱环节，从强化源头防控、加强执法监管、落实各方责任着手，防止管理真空和互相推诿现象出现，牢牢守住安全生产底线。

> **专栏 6-2　江西省铁路航空投资集团健全风控体系**
>
> 　　江西省铁路航空投资集团总部常态化开展专项风险检查和行业风险专题讲座，及时督促子公司完成风控整改，堵塞风控漏洞，补齐风控短板，建立健全项目风险监测、识别和预警机制，早发现、早化解、早处置风险。如今，江西省铁路航空投资集团系统风控体系更加科学、更加完备，做到了事前、事中、事后全面有效防控。

二、应急预案得到完善

江西省坚持以应急处置能力的持续提升为目标，深入推进交通运输应急管理体系和能力现代化。为适应当前突发事件新形势、新变化，健全完善应急管理体制和工作机制，加强和规范突发事件应对工作，保障人民群众生命财产安全，维护社会安全和稳定，江西省人民政府印发了《江西省突发事件总体应急预案》；为切实加强全省交通运输综合应急管理工作，提高综合交通应急响应能力及保障能力，有效发挥交通运输部门在应对突发事件中的作用，江西省交通运输厅制定修订完善了《江西省交通运输综合应急预案》等7项预案；出台了《江西省应急救援航空体系建设试点方案》，提出构建以指挥、基础设施、低空空管、力量、保障和产业等六大体系为主要内容的特色应急救援航空体系。

第三节　交通应急救援能力全面强化

一、应急储备能力不断强化

在道路运输领域，针对可能出现的疫情、恶劣天气、安全事故等突发事件，健全预警预防体系，开展恶劣天气高影响路段优化提升工作。深化联合预警工作机制建设，完善国家区域性公路交通应急装备物资储备中心布局并推进建设，建立了省、市、县三级应急储备机制，进一步强化突发事件应急处置能力。同时，制定交通应急演练规范化要求，模拟典型突发事件，指导地方开展"行业+属地"联合的层次丰富、形式多样、科目齐全的应急演练。截至2021年底，全省共核实应急运力1106辆、1.6万吨，应急备用船舶96艘，搜救队伍43支。

二、信息化监管水平提升

不断完善道路运输安全监管平台、水路运行监控平台以及全省道路运输车辆卫星定位系统政府监管平台，推动全省危险货物道路运输车辆全部安装主动预警装置和4G实时视频监控，实时监测危险货物运输过程。全部客运车辆都已实现4G视频实时监管，实现客运包车车辆技防和人防的有效融合。通过交通监控云联网平台，实现全省高速公路交通实时监测全覆盖，同时全面推广应用联合监管与服务信息系统，基本实现了长江干线及支流信息系统运用全覆盖，实现了安全生产重大风险和重大隐患的数字化管理。江西省铁路沿线全面完成1182个高清摄像头的安装与平台接入工作，信息化监管水平得到极大提升。大力推进智能安检和高速安检设备在邮政行业的使用，提高安检信息化水平，强化寄递渠道安全保障能力。

第七章
绿色交通发展深入推进

江西省积极贯彻"绿水青山就是金山银山"的发展理念，坚持尊重自然、顺应自然、保护自然，把绿色发展、低碳发展摆在行业发展的重要位置，围绕碳达峰、碳中和目标，推动交通运输与自然和谐共生，提升交通运输绿色发展水平，助力高标准打造美丽中国"江西样板"。

第一节 资源节约集约高效利用成效凸显

一、资源节约集约利用水平不断提升

江西省高度重视资源节约集约利用工作，转变土地、岸线、空域等交通资源利用方式，提高资源利用效率。积极推动交通与其他基础设施协同发展，统筹集约利用综合运输通道线位、桥位、土地、岸线等资源，促进交通通道由单一向综合、由平面向立体发展，国土资源利用效率显著提高。积极推广应用桥涵装配化建造和"永临结合"施工方式，通过原有道路改扩建、增加桥隧比、减少应急车道等方式，减少土地资源占用。通过严防非法码头反弹、严控港口岸线使用、强化港口规划引领、推进岸线精细管理，全省港口岸线资源得到切实保护和合理利用，利用方式正向规模化、集约化、专业化方向发展。江西省机场集团持续优化航线网络布局，京津冀、长三角、粤港澳大湾

区、成渝等主干航线的运力匹配度显著提升，有效节约运力资源。

二、资源综合循环利用持续加强

江西省加快建立健全绿色低碳循环发展经济体系，提升交通运输废旧材料资源再利用和循环利用水平，交通资源循环利用产业有序发展。通过深化"两型"（资源节约型、环境友好型）路建设理念，强化科技创新应用，江西省在全国率先推广应用就地热再生、厂拌热再生、橡胶沥青绿色路面等高速公路路面养护技术，废旧路面材料回收率达100%，循环利用率达95%以上，运用规模和质量成效全国领先，其中昌樟（南昌至樟树）高速公路改扩建项目被列为交通运输部"绿色循环低碳主题性示范项目"，成为江西省第一条绿色循环低碳主题性示范路。积极加强快递包装绿色治理，推动快递包装"绿色革命"，绿色化、减量化、可循环快递包装正加快应用，截至2021年底，全省可循环快递箱（盒）使用量达6.5万个，可循环快递包装应用体系逐渐完善。

专栏7-1　吉康高速公路改扩建项目：推进绿色低碳建设

G45大广高速公路吉安至南康段改扩建工程（简称"吉康高速公路改扩建项目"）起于大广高速公路吉安南枢纽互通北端，终于赣州市南康区十八塘枢纽互通，路线全长145.4公里，项目概算约为166.9亿元。吉康高速公路改扩建项目采用"永临结合"设计理念，在设计过程中充分考虑施工组织，实现将临时设施与永久工程相结合的愿景。同时，深入践行资源节约、节能高效的改扩建理念（图7-1），以集约、节约及循环利用原路设施资源为目标，实现统筹规划、合理利用、避免浪费。

第七章　绿色交通发展深入推进

图 7-1　吉康高速公路改扩建项目采用"永临结合"设计理念和推行废材利用

第二节　节能减排和污染防治成效日益彰显

一、交通运输绿色节能装备设施高效推广

江西省积极推进交通运输领域节能减排，持续加快新能源、清洁能源交通装备及配套设施应用，推动交通用能低碳多元发展。重点推进铁路、水运等多种客运、货运系统有机衔接和差异化发展，推动各种交通运输方式独立发展向综合交通运输一体化转变。依托大数据、物联网等技术优化客货运组织方式，推动大宗货物和中长距离货物运输"公转铁""公转水"。加快综合货运枢纽集疏运网络和多式联运换装设施建设，逐步实现主要港口核心港区铁路进港，畅通多式联运枢纽站场与城市主干道的连接。积极谋划绿色公路、绿色港口、生态航道，推进工矿企业、港口、物流园区等铁路专用线建设，加快打造赣州国际陆港、九江红光国际港、南昌向塘国际陆港等多式联运示范工程。鼓励在港口、航运枢纽等区域布设光伏发电设施，加快推进港口岸电设施和船舶受电设施改造，推动交通与能源融合发展。

公交车、巡游出租汽车、网约车、城市物流配送车新能源率、铁路电气化率、机场飞机 APU（辅助动力装置）替代设施率不断提高；LNG（液化天然气）动力船舶应用积极推进，2021 年，九江港湖口港区船舶 LNG 加注工程顺利通过交工验收，填补了江西在该领域的空白。充电设施布局更加完善，高速公路服务区充电桩覆盖率达 90% 以上，水运港口集装箱泊位和 3000 吨级以上的客运泊位岸电覆盖率达 100%，2021 年基本完成 1200 总吨以上船舶岸电系统受电设施改造任务。

图 7-2 为江西南昌公共交通运输集团有限责任公司更换新能源公交车。

图 7-2　江西南昌公共交通运输集团有限责任公司更换新能源公交车

二、交通运输污染综合防治持续深化

江西省坚决打好污染防治攻坚战，严格落实生态环境保护要求，推进交通运输领域污染防治深度治理。积极开展柴油货车污染防治行动，重点加快淘汰国Ⅲ及以下排放标准的营运柴油货车、采用稀薄燃烧技术或"油改气"的老旧燃气车辆，加强机动车检验检测机构和维修企业专业化建设，推动全面实施机动车排放检测与强制维修制度（I/M 制度），截至 2021 年底共有 M 站（汽车排放污染维修治理站）326 家，全省道路运输污染综合治理水平明显提高。南昌昌北国际机场将环保举措融入各项日常工作和建设项目中，深入推进节能减排举措和绿色机场建设，仅使用桥载设备替代飞机 APU 一项，两年累计节油量 3173.96 吨，累计减少污染物排放量达到 9998.97 吨。船舶港口污染防治工作全面开启，非法码头整治、船舶港口防污染整治等行动深入展开，全省在全面完成 400 总吨以上船舶加装生活污水收集处理装置的基础上率先在全国完成 100~400 总吨船舶加装生活污水收集处理装置，并实现船舶污染物港口接收设施全覆盖。积极推广各类声屏障、降噪路面、降噪绿化林及多重降噪组合等降噪措施，强化交通工程建设减振及声屏障景观设计的应用，全省交通噪声污染控制水平持续提高。

三、绿色出行行动积极开展

江西省积极倡导绿色出行理念，努力建设绿色出行友好环境，提高绿色出行方式吸引力，增强公众绿色出行意识，让交通更加环保、出行更加低碳，推动形成绿色发展方式和生活方式。坚持公交优先发展战略，"轨道交通+公交汽车+慢行系统"的绿色出行模式逐步建立，全省城市绿色出行比例大幅度提高。积极推进慢行系统环境治理，加大非机动车道和步行道建设力度，有效保障非机动车和行人合理通行空间，安全、连续和舒适的城市慢行交通体系逐步完善。大力培育绿色出行文化，组织开展绿色出行公益活动、绿色出行宣传月活动、公交出行宣传周活动、文明交通绿色出行主题活动。全省布局合理、生态友好、清洁低碳、集约高效的绿色出行服务体系初步建成。

> **专栏 7-2　南昌——打造"绿道城市"**
>
> 　　南昌市不断深入推进生态绿道建设，尤其是青山湖、艾溪湖、象湖、梅湖、瑶湖、九龙湖、赣江市民公园、赣江风光带、玉带河、抚河、磨盘山公园等多条精品绿道的建设和提升改造，基本形成了覆盖南昌市主要城区的片状绿道网，初步构建起以城市绿道为骨干，社区绿道为补充，涵盖生态型、郊野型、都市型的绿道网络体系，达到"城市绿道成网成环、精

品绿道出彩出新、社区绿道落实落细"的总体要求。截至2021年底,南昌市绿道建设总长度已超600公里,其中城市绿道建设约530公里,社区绿道建设超80公里。绿道已成为南昌市的城市新亮点、新名片。

第三节 生态保护与修复力度持续加大

一、生态保护持续深化

江西省坚持生态优先,将绿色、生态、环保理念贯穿交通基础设施规划、设计、建设、运营、管理、养护全过程,交通运输基础设施绿色发展水平不断提升。绿色铁路、绿色公路、绿色港口、绿色航道、绿色机场建设深入推进。其中,广吉高速公路入选交通运输部首批绿色公路建设典型示范工程;祁婺高速公路探索具有项目特色的绿色典型示范工程;信雄、遂大等高速公路在项目建设初期积极谋划绿色公路建设;建成萍乡市芦万武旅游示范公路、宜春市三爪仑旅游示范公路等"畅安舒美"示范路。积极引导新开工的高速公路、普通国省道落实绿色公路建设要求,新开工的水运工程落实《水运工程环境保护设计规范》(JTS 149—2018)要求。严守生态保护红线,推进交通生态选线选址,最大限度避让各类环境敏感区和永久基本农田,推动交通运输设施与生态空间相协调。

专栏7-3 交通运输部首批绿色公路建设典型示范工程——广吉高速公路

广吉高速公路路线总长189.276公里,总投资约126.24亿元,途经抚州市广昌县,赣州市宁都县,吉安市永丰县、吉水县、青原区、泰和县。本着绿色发展理念,广吉高速公路项目建设全过程坚持"遵循自然、融入自然"的绿化方针,做到"车未通,路已绿",被交通运输部列为首批8个绿色公路建设典型示范工程之一,也是江西省首条绿色高速公路。

二、生态修复力度不断加强

江西省积极筑牢生态安全屏障，满足人民日益增长的优美生态环境需要，着力加强交通干线、水运岸线生态长廊建设，促进生态改善和景观提升。积极开展高速公路生态绿化提升工程，以昌铜高速公路绿色生态百里画廊为重点，按照"黄土不见天、岩石不露背、三季有花、四季常绿"的总体要求，将生态绿化提升与路域环境整治相结合，努力打造全国绿色高速公路江西样板。兴赣北延高速公路项目打造"展苏区精神，现绿水青山"的绿化景观；昌九高速公路改扩建项目开展"美化、彩化、珍贵化"生态修复；景婺黄等30条高速公路实施了全面覆绿改造工程。积极推进全省主要航道生态修复，实施生态护岸工程，打造最美水运岸线，其中九江市打造23.6公里长的长江"最美岸线"，形成航道、公路沿线连续协调的绿化景观带。

第八章
内陆开放新格局初步形成

江西省加快多方向多方式的通道与口岸建设，构建开放通道格局。依托内陆开放型经济试验区建设，深化省际区域合作。通过主动对接融入"一带一路"建设，努力建设富有江西特色的开放支撑体系。通过持续深化产业合作，成功引进华勤、欣旺达、龙旗、美晨等一大批重点企业和重大项目。开行赣（州）深（圳）组合港"双区联动"跨境电商班列，首创"跨省、跨直属关区、跨陆海港"的组合港通关新模式，可为企业节约成本30%左右。

第一节 多方向多方式拓展开放通道

一、陆路通道建设

铁路通道方面，截至2021年底，已通达11个"一带一路"沿线国家和地区的26个城市，打造了至俄罗斯、白俄罗斯、乌兹别克斯坦3条中欧班列精品线路。其中，赣州国际陆港开行了19条中欧（亚）班列、4条铁海联运班列和9条内贸班列线路，运行线路辐射全球50%以上地区，已成为江西联通欧亚大陆桥的黄金通道。2021年，赣州国际陆港共开行中欧班列401列、铁海联运1724列，同比分别增长8.7%、15%。赣州国际陆港与深圳盐田港"组合港"基本建成，开行了双向班列及"双区联动"跨境电商班列。赣州国际陆港铁路集装箱吞吐量突破17万标箱。赣州国际陆港"一带一路"多式联运示范工程被交通运输部、国家发展改革委授予"国家多式联运示范工程"称号。

公路通道方面，江西省已打通28条出省大通道，开展了一系列繁忙通道扩容、"断头路"打通工程。截至2021年底，全面实现"县县通高速"；普通国省道里程1.86万公里，普通国道二级及以上比例达93.3%；农村公路里程18.6万公里，乡镇通三级公路比例达95.8%，并在全国率先实现"组组通"水泥（油）路。

二、水运通道建设

江西省水运通道以高等级航道为基础，以大中小结合、内外沟通的港口为支撑，经长江通达东南沿海各个港口。截至2021年底，全省有内河港口生产用码头泊位457个，千吨级以上深水泊位184个，集装箱码头泊位11个；2021年，全省港口吞吐能力达到1.67亿吨，集装箱吞吐量128.9万标箱。

2021年，全省港口完成货物吞吐量2.3亿吨，同比增长22.1%；完成集装箱吞吐量78.2万标箱，同比增长3.7%（图8-1）。其中九江港完成货物吞吐量1.51亿吨，同比增长26%，进入全国前50大港口榜单，完成集装箱吞吐量64.9万标箱，同比增长6.3%。

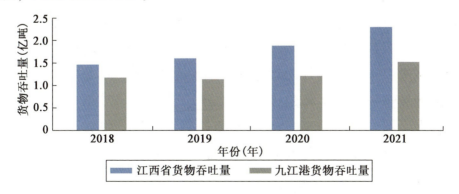

图8-1 九江港货物吞吐量与全省货物吞吐量对比示意图

三、航空通道建设

国内航线方面，持续优化和提升与京津冀、长三角、粤港澳大湾区、成渝等区域之间的主干航线的运力供给和时刻布局。2021年，加密了11条干线，新开9个支线航点，实现适宜通航的省会（首府）城市全覆盖。国际航线方面，在稳定运行南昌至列日（比利时）、洛杉矶（美国）国际航线的基础上，新增南昌至纽约（美国）出港航班，开通了南昌往返安克雷奇（美国）、莫斯科（俄罗斯）、阿斯塔纳（哈萨克斯坦）、仁川（韩国）等国际货运航线。

截至2021年底，全省主要机场完成飞机起降13.5万架次，同比增长9.9%，恢复至2019年同期水平的88.7%，完成旅客吞吐量1376万人次，同比增长7.8%，恢复至2019年同期水平的74.3%，完成货邮吞吐量17.8万吨，同比下降4.8%，达到2019年同期水平的137.4%。

第二节　交流合作逐步深化

一、交通领域合作交流平台

江西省始终保持在对外交流合作方面的开放态度，进一步拓宽对外交流合作的深度与广度。通过举办全国性、国际性的行业会议和吸引重要国内外交通组织在江西省内设立分支机构，加强交通领域合作交流平台建设。2021年，中国航空产业大会暨南昌飞行大会召开，国内50余家航空企业研发机构集中亮相，为推动江西省航空产业高质量跨越式发展提供重要动力；中国交通产业经济联席会议2021年主席会议在江西南昌召开，18家联席主席单位围绕"十四五"交通运输发展规划及企业转型、创新、升级等方面实践开展交流分享，推动江西省交通产业经济高质量发展。

二、交通企业"走出去"

江西省始终积极支持交通企业实施"走出去"战略，参与"一带一路"沿线国家和地区交通基础设施建设、国际运输市场合作，稳步推进对外承包工程企业在 8 个国家建设 21 个交通项目。

> **专栏 8-1　赞比亚肯尼思·卡翁达国际机场新航站楼项目**
>
> 赞比亚肯尼思·卡翁达国际机场新航站楼总建筑面积约 3.5 万平方米，由中国江西国际经济技术合作有限公司承建。项目设计全部采用中国标准，超过 90% 的设备采用中国品牌，有力地带动中国标准、中国技术、中国服务、中国品牌"走出去"。

三、省际区域合作

近年来，江西省与相邻省份在交通领域的合作有所加强，正向着形成分工合理、功能互补、协调联动的发展格局稳步前进。通过省际合作交流，实现了省内发展规划与地区、国家发展战略的高效协同。

2021 年国家发展改革委出台的《湘赣边区域合作示范区建设总体方案》，在空间布局、红色文化、产业发展、城乡融合、基础设施建设和公共服务等方面，对江西、湖南两省提出了革命老区振兴发展的具体合作目标。

2021 年，随着综合运输通道不断健全完善，尤其是赣深高铁的正式运营，江西省与粤港澳大湾区的空间距离逐步缩短。7 月，江西省人民政府与宁德时代签约，促进在可再生能源发电、新能源汽车、智慧交通、先进储能等领域的战略合作。12 月，江西省对接粤港澳大湾区经贸合作活动在广州、深圳举办，吸引了23家世界五百强企业、17家中国五百强企业、53家上市公司、135家行业龙头企业和135家高新技术企业参会，达成签约项目94个、投资总额2367亿元，合作成果为近年来最多。

第九章
高素质交通运输人才引育成绩显著

交通运输人才是江西省人才资源的重要组成部分，是支撑引领全省交通运输事业发展的第一资源。江西省交通运输人才队伍建设强调用才理念转变，追求人才为我所用、不求为我所有，积极从国内外高校、科研院所和交通企业柔性引进高端交通运输科技人才，助力交通强省建设；积极推动省内交通类院校专业的资源重新整合，加强产学研融合，形成交通运输技能人才培养合力；创新人才评价，畅通交通运输从业者职业通道，激发交通运输从业者工作积极性。高素质、专业化交通运输人才队伍建设迈出新步伐，为江西省交通运输事业全面、协调、可持续发展提供强有力的人才保障。

第一节 交通运输科技人才引育成效显著

一、平台建设

瞄准交通科技前沿和新兴交通产业，坚持"高精尖缺"导向，以省内交通领域高校及科研机构为依托，打造人才培养与技术创新平台，推进交通高端智库建设。积极鼓励、支持有关单位申报国家级工程技术中心、重点实验室和省部级行业研发中心、重点实验室、院士工作站、博士后工作站、人才基地等创新平台。

截至2021年底，江西省在交通领域共建有1个国家重点实验室、1个国家工程技术中心、2个省级研发中心、1个省级重点实验室、7个省级工程（技术）研究中心。

> **专栏9-1　平台建设实现新突破**
>
> 　　2021年1月，华东交通大学成功获批组建省部共建轨道交通基础设施性能监测与保障国家重点实验室。作为全国交通运输领域为数不多的国家重点实验室，其成为江西省汇聚高端交通运输科技人才、取得高水平科研成果的重要载体。
> 　　2021年1月9日，"交通强国战略暨江西省交通发展的机遇和挑战"高峰论坛在南昌举行。论坛上，江西省交通运输厅和华东交通大学共建的华东交通大学交通强省研究院揭牌成立，旨在推进学校相关学科专业人才、技术与交通运输行业发展需求的高效衔接，助力江西省交通强省建设。

二、人才培育

大力实施国家、省级高层次人才特殊支持计划，完善支持政策，创新支持方式，培养一批科技领军人才、青年科技人才和创新团队。

江西省科学技术厅人才计划将航空工业洪都公司总经理张弘纳入首批省高端领军人才培育对象。江西省主要学科学术和技术带头人培养计划支持航空领域人才项目3项，支持5名航空领域人才申报科技部有关海外引才计划。改革科研经费管理制度，探索实行充分体现人才创新价值和特点的经费使用管理办法。

航空工业洪都公司总经理张弘进入中国工程院2021年院士增选第二轮候选人名单。华东交通大学获批国家杰出青年科学基金项目和国家自然科学基金重点项目，1人获评詹天佑铁道科学技术奖青年奖。

华东交通大学交通运输、铁道工程、交通工程等24个专业入选国家级一流本科专业建设点，南昌航空大学飞行器设计与工程、飞行器制造工程等17个专业入选国家级一流本科专业建设点。在交通科技创新领域，江西省高校大学生在"挑战杯"等国家级比赛中获得优异成绩。

> **专栏 9-2　"挑战杯"等国家级奖项取得新成就**
>
> 华东交通大学"川藏跨天堑，知产绣锦图——川藏铁路建设中的知识产权风险调查研究"获第十七届"挑战杯"全国大学生课外学术科技作品竞赛"累进创新专项奖"、全国特等奖；学校"轨道车辆智能运维数字孪生解决方案"等项目获第七届中国国际"互联网+"大学生创新创业大赛国赛总决赛银奖，"人车协同-智能车仿真测试系统领军者"等3个项目获铜奖。

三、人才引进

积极转变引才用才理念，探索灵活多样地从国内外高校、科研院所和交通企业柔性引进高端交通运输科技人才，来江西省兼职、咨询、讲学、短期聘用、技术合作、技术入股和投资兴办企业等。

2021年以来，通过举办高峰论坛，汇集全国范围内交通运输领域专家智慧，助力交通强省建设，柔性引进两院院士及多个专家团队，为交通强省建设出谋划策。2021年，通过举办"交通强国战略暨江西省交通发展的机遇和挑战"高峰论坛、"交通强国"高峰论坛，二十余位院士、数十位交通运输领域的国内知名专家学者，围绕"交通强国、高铁发展、智能交通、江西省交通强省战略"等主题，深入研讨、广泛交流。

> **专栏 9-3　高端人才柔性引进实现新进展**
>
> 华东交通大学高铁与区域发展研究中心聘请中国工程院院士卢春房为智库专家；华东交通大学交通强省研究院聘请中国工程院院士严新平及大连理工大学等单位交通运输领域专家为学术委员会委员。
>
> 北京航空航天大学江西研究院景德镇分院首批5个专家团队已入驻，与企业开展技术对接工作；智能制造及工业软件团队已与昌飞公司建立合作关系，孙剑飞团队与江西天一航空装备有限公司开展技术对接合作，培养高水平的科技人才。

第二节 交通运输技能人才培养持续改进

一、整合资源，加强培养

为打造素质优良的交通劳动者大军，江西省推动省内交通类院校资源重新整合。2021年，转设后的南昌交通学院以新的校名开始招生（华东交通大学理工学院转设为南昌交通学院于2020年12月获教育部批准）；江西理工大学机电工程学院联合赣州市经济技术开发区汽车办、国机智骏汽车有限公司、山东凯马汽车制造有限公司、浙江吉利新能源商用车集团有限公司等单位共商共建江西理工大学新能源汽车现代产业学院事宜，构建"政—企—校"三级联动机制，创新新能源汽车产业人才培养体系；成立丰城市船员职业培训学校。

江西省交通类院校根据产业发展需求，不断推动学科专业建设。江西交通职业技术学院新增申报智能网联汽车技术、城市轨道车辆应用技术等交通运输领域专业；江西省交通高级技工学校积极策应交通强省战略，推动水运学科建设。省会南昌市有8所技工学校开设了汽车维修、城市轨道交通运输与管理、汽车装饰与美容等涉及交通运输技术技能专业。

重点骨干船舶企业加强与高校之间的战略合作，先后与省内外知名院校签订人才、技术战略合作协议，定期安排骨干技术人员参加相关专业技能培训，加深了产教融合。

> **专栏9-4　育人资源建设取得新成果**
>
> 2022年，江西交通职业技术学院路桥工程学院与建筑工程学院组成的教师团队作为主要编写人员参与编制了《桥隧工职业培训包》。该职业培训包为交通运输行业首个正式发布的职业培训包，对交通运输人才职业培训和素质提升具有重要意义。

> 华东交通大学交通强省研究院院长、高铁发展研究中心主任万明教授主编的《交通运输概论（第 2 版）》成功入选中国公路学会首届"交通好书"荐读书目名单，且获中国工程院院士、中国铁道学会理事长卢春房推荐阅读。

二、以赛促教，提升技能

江西省交通运输行业积极以赛促教，举办职业技能赛事和劳动创新成果展等活动，促进交通运输领域劳动者技能提升。

2021 年，江西省人力资源和社会保障厅、江西省交通运输厅联合主办江西省"振兴杯"职业技能大赛交通运输行业职业技能竞赛，设立城市轨道交通调度员（职工组）、城市轨道交通列车司机（职工组、学生组）、工程测量员（职工组、学生组）、公路收费及监控员（职工组、学生组）、汽车维修工（职工组、学生组）共 5 个工种 9 个组别，为交通运输技能人才提供展示技能、切磋技艺、岗位成才的平台。

中国铁路南昌局集团有限公司修订完善职业技能竞赛管理办法，完善有关奖励规则，开展好年度职业技能竞赛，促进职工学技练功，提升职业素质。

三、科学评价，畅通通道

江西省交通运输行业畅通交通运输从业者职业通道，改革职业技能人才评价。支持中国铁路南昌局集团有限公司、南昌轨道交通集团等开展职业技能等级自主认定。

南昌轨道交通集团等开展职业技能等级自主认定，现有 11 个工种共 96 名考评员可开展职业技能人才评价工作，完成城市轨道交通列车司机（四级、五级）2 批次鉴定工作，鉴定人数 190 人，合格人数 149 人。

中国铁路南昌局集团有限公司大力开展铁路（南铁）工匠、全路（集团公司）首席技师培养选拔，累计向中国国家铁路集团有限公司推荐并被授予"铁路工匠"称号10人，命名"南铁工匠"49人，认定全路首席技师6人、集团公司首席技师46人，初步构建了以铁路工匠为引领、以首席技师为核心、以技师和高级技师为骨干、以其他技能人才为基础的技能人才发展通道。

> **专栏9-5　技能人才队伍建设取得新成绩**
>
> 　　江西省交通运输领域技能人才数量、质量不断提高。仅中国铁路南昌局集团有限公司，2021年接收操作技能人员近3000人。截至2021年，集团公司具有技师及以上技能等级人才与高级工占技能人才比例近60%。
>
> 　　2021年，江西长运吉安公共交通有限责任公司22路线路班长段冬梅、中国铁路南昌局集团有限公司向塘机务段整备车间机车钳工吴云等6人获得江西省五一劳动奖章。
>
> 　　2022年，中国邮政集团有限公司抚州市分公司揽投员许海华、江西省机场集团有限公司赣州机场分公司机场管理部助理工程师刘先银、航空工业江西洪都航空工业集团有限责任公司飞机总装厂飞机仪表安试工万良、中国铁路南昌局集团有限公司鹰潭工务机械段机械大修二车间大机司机房普照等6人获得江西省五一劳动奖章。

第三节　交通干部队伍素养稳步提升

一、统筹推进，提高交通干部水平

坚持好干部标准，结合行业发展需要，以更宽广的视野、更专业的角度，统筹推进不同层次、不同领域交通干部培养培训，利用党校、干部学院、高等院校等各类优质教育培训资源，加强干部培训。

2021年，江西省交通运输厅先后举办了第十二期、第十三期青年干部培训班，并开展了政务公开工作、财务预算管理与国企改革、科技工作交流、交通运输系统平安江西建设等专业知识培训，提高了交通干部专业化水平。

二、引育结合，加强后备人才培养

江西省交通运输厅积极探索面向全国公开选聘监管企业中层正职领导人员，通过加大交通运输专业高校应届毕业生招聘力度、引进高学历选调生等方式，逐步提高了交通干部人才队伍总量，优化了交通干部人才队伍的专业结构。

优化干部成长路径，树立了积极向上的选人用人导向。加大干部轮岗、交流和挂职力度，多领域、多层次、多岗位培养锻炼干部。通过谈心调研、实践锻炼、跟踪考核等方式，选拔和重用了一批在交通运输重点领域敢担当、能成事的优秀年轻干部。

三、提升素质，增强交通职业荣誉

交通干部人才队伍树牢正确政绩观念，坚持不懈为群众办实事解难题，持续推进提高政务服务水平。持续发扬江西交通人逢山开路、遇水架桥的拼搏精神，当好全面建设社会主义现代化江西开路先锋。

将办实事成效纳入行业作风第三方评价体系，广泛邀请党员群众、服务对象、行风监督员等评价办实事工作成效，主动接受全社会的评价和检验。开展江西省交通运输综合行政执法队伍素质能力提升三年行动（2021—2023年）工作，提升其政治素质、专业素质、执法能力和服务质效。

通过培树和宣传一批在交通强省建设过程中作出积极贡献的交通干部，增强了交通运输职业荣誉感和吸引力，激励了交通干部主动作为、拼搏奉献。

> **专栏 9-6　交通干部新风采**
>
> 　　2021 年，江西省公路路政管理总队景德镇高速公路路政管理支队一大队党支部书记江梦德、江西大众交通运输有限公司红色车队获评"2020 年感动交通年度人物"。中国铁路南昌局集团有限公司党委副书记、总经理蒋辉，江西南昌公共交通运输集团有限责任公司工会主席李颖，中国邮政集团有限公司江西省分公司集邮与文化传媒部总经理陈爱民，民航华东空中交通管理局江西分局技术保障部终端运行室副主任李平等 6 人获得江西省五一劳动奖章。
>
> 　　2022 年，赣州方通客运股份有限公司于都客运站副站长张金莲、江西省宜春公路建设集团有限公司桥隧工程师涂文胜获评"2021 年感动交通年度人物"。中国铁路南昌局集团有限公司南昌车务段抚州站党支部书记彭熙曦、南昌轨道交通集团有限公司地铁项目管理分公司常务副总经理詹涛等 4 人获得江西省五一劳动奖章。

第十章
行业治理成效日渐凸显

江西省交通运输行业治理能力稳步增强,公路养护管理公众满意度获得全国第一的好成绩。立法工作取得重大成果,江西省首部水路交通综合性地方法规《江西省水路交通条例》正式出台,对于破解水路交通发展难题、适应交通运输快速发展具有重要意义,为水路交通运输高质量发展提供强有力的法治支撑。同时,江西省努力实现夺取疫情防控和经济社会发展双胜利,及时取消省内县(市、区)之间高速公路、国省道出入口的检疫站点,制定印发《江西省交通建设项目工地新型冠状病毒感染肺炎疫情防控指南》,均得到交通运输部肯定并在全国推广。此外,江西省开展赣州革命老区交通运输高质量发展等交通强国建设试点以来,各地各试点单位强化组织领导,积极先行先试,狠抓工作落实,交通强国建设试点工作取得明显成效。

第一节 行业改革有序推进

一、"放管服"改革扎实推进

江西省交通运输厅深入开展深化"放管服"改革、优化营商环境决策部署,便民惠民服务水平全面提高。持续推进政务服务"一网通办""跨省通办""掌上办",做好道路运输驾驶员高频服务事项"跨省通办"。同时,江西省交通运输部门压减行政权力,取消行政许可，发布"一次不跑"或"只跑一次"服务清单，货运资格证换发、变更等高频政务服务事项实现"跨省通办"，其中ETC办理"一次不跑"被国务院作为典型经验全国推广。

此外，江西省率先在全省推行交通运输领域信用承诺制度，率先在全省治超工作中推行全环节信用监管制度，率先在全省落实告知制度并保障信用主体权益，率先在全省对失信主体积极开展信用修复，建立了较为成熟的全省交通运输信用监管体系。2021年度，江西省交通运输厅连续第五年获评全面依法治省考评优秀等次、法治政府建设优秀单位和全省社会信用体系建设优秀单位；江西省交通运输厅执法监督处（政策法规处）获评2020年全国交通运输法治政府部门建设优秀集体；江西省交通运输厅执法监督处（政策法规处）、江西省公路路政管理总队政策法规科、江西省高等级航道事务中心获评全国交通运输系统"七五"普法突出成绩单位。

二、综合交通法规体系不断完善

2021年11月19日，江西省第十三届人民代表大会常务委员会第三十四次会议通过了《江西省水路交通条例》和《江西省铁路安全管理条例》。《江西省水路交通条例》作为江西省第一部水路交通综合性地方法规，贯彻落实《中华人民共和国航道法》《中华人民共和国港口法》，对于破解江西省水路交通发展难题、适应江西省交通运输快速发展具有重要意义。《江西省铁路安全管理条例》明确提出了有关部门和单位的安全管理责任，这将更好地保障公众生命财产安全，促进铁路安全发展。

三、紧密对接国家空域管理体制改革

江西省积极深化低空空域管理改革试点，推动申请获批"空中道路"。开展低空空域管理改革，根本目的就是要充分释放现有的低空空域资源，探索低空空域管理的有效模式，为通航产业发展创造条件。2021年5月，相关部门发文批复同意在江西省域内划设7个临时空域和2条临时航线，作为江西省低空空域管理改革试点第一阶段空域。此次改革试点的主要内容是依托"北斗+高分+5G"等技术应用创新、基础设施支撑的通航飞行监视和服务保障体系，建设A类飞行服务站和若干个B类飞行服务站，完成包括空域运行管理、飞行任务管理、飞行计划管理、飞行实施管理、飞行服务管理、飞行动态监视、数据信息管理和特殊任务管理等试点内容。

四、全省干线公路养护管理取得历史最好成绩

全国干线公路养护管理排名取得新高。"十三五"全国干线公路养护管理评价情况表明，江西省公路养护管理综合评分排全国第八名（不含直辖市），较"十二五"第十名前进2名，创历史最好成绩。在交通运输部召开的全国公路养护管理工作会暨公路桥梁安全耐久水平提升视频会议上，江西省交通运输厅受到交通运输部通报表扬，并被评为"十三五"全国干线公路养护管理工作先进单位。

公路养护管理公众满意度全国第一。"十三五"全国干线公路养护管理公众满意度评价结果表明，江西省干线公路公众总体满意度得分91.47分，高出全国平均分4.19分，为全国最高。其中，高速公路得分91.53分，普通国省道得分91.41分，取得高速公路、普通国省道公众满意度得分全国"双第一"的成绩。

五、交通企业改革取得实质进展

自2020年江西省率先在全国出台国资国企改革创新三年行动实施方案以来，江西省交通国有企业坚决贯彻落实省委和省政府关于国企改革三年行动的决策部署，各项改革措施不断落地见效，

重点领域和关键环节改革成果显著。省属交通国有企业经理层成员任期制和契约化管理实现全覆盖，三项制度改革实现更深层次破局，剥离国有企业办社会职能在全国率先完成，混合所有制改革形成江西特色，董事会"应建尽建"和董事会职权得到有效落实，党委（党组）把方向、管大局、促落实作用更加凸显，中国特色现代企业制度更加成熟定型。

六、改革创新历程不断推进

2020年初，江西省人民政府办公厅印发《关于实施"三大攻坚行动、三大提升工程"推动全省交通运输高质量发展的意见》，印发《加快水运改革发展的实施意见（2020—2021）》，在全省交通运输系统集中实施为期两年的攻坚提升活动，系统谋划了2020—2021年的重点任务书和路线图。截至2021年底，七个方面工作均取得了显著成效，得到江西省委、省政府和交通运输部的充分肯定。同时，理顺了全省综合交通运输规划、运输综合协调、船舶检验和监管等职能，全省1个省级、11个设区市、76个涉改县已全部组建综合行政执法机构，印发"三定方案"，统一行政执法主体和行政执法专用章，明确以交通运输主管部门名义执法，推进形成了有利于综合交通运输发展的协调管理机制。

专栏10-1　江西省交通国有企业改革亮点

推进制度改革。江西省交通投资集团深化内部三项制度改革，推进权属单位分类考核和"一企一策"考核，构建工效联动的薪酬分配机制。江西省铁路航空投资集团首先将所有制度表格化、流程化、信息化，让制度真正执行到位，突出"想绕绕不开、想躲躲不了、想推推不掉"的机制；江西省港口集团完善差异化薪酬激励机制，按照"一企一策"实行全员绩效考核。

推进市场化改革。江西省港口集团引入战略投资者参与港口码头建设，注册成立43家集团权属全资、控股、参股码头企业，实行统一运营、统一管理、收益共享，市场化经营机制不断健全；江西省铁路航空投资集团对集团作为单一最大股东的混合所有制子公司实行差异化管理，子公司自主决策的有关事项由其董事会、股东会按公司章程有关规定作出决定，激发子公司市场化发展活力。

第二节　交通文明不断进步

一、红色交通文化氛围初步形成

江西是一片充满红色记忆的红土地，井冈山精神、苏区精神和长征精神留下了可歌可泣的英雄故事，树立起一座座信仰信念的精神丰碑，铸就了中国共产党的伟大革命精神。

江西省充分发挥红色资源优势，传承红色基因，持续完善红色旅游交通网络，全面提升各地区交通条件和服务水平。依托南昌起义、井冈山会师、"长征第一渡"等事件，结合周边自然生态、红色文化以及现代文旅优质资源，鼓励有条件的地区打造红色旅游精品路段，全力推进"交通+红色旅游"融合发展，为带动好苏区、井冈山、长征沿线经济社会发展作出交通贡献。让红色文化融入交通血脉，唤醒交通人的红色记忆和初心使命，从党的百年伟大奋斗历程中感悟思想伟力，汲取继续前进的智慧和力量，为交通事业发展汇聚起磅礴力量。

> **专栏10-2　"培育现代交通文明，弘扬红色交通文化"试点**
>
> 吉安市紧抓交通强国建设试点的重大机遇，实施开展"井冈山革命斗争时期交通基因"课题研究项目和"党员先锋示范岗"创建活动。
>
> 为大力弘扬井冈山精神、苏区精神和长征精神，在建设特色工程上，吉安市主要从推进红色文化交通文明示范工程建设行动、红色文化交通

文明公交线路创建行动以及红色文化交通文明示范路提升行动三个方面进行。

红色文化交通文明示范工程建设行动从提升全市红色旅游交通基础设施水平和完善公路驿站、标识标牌等配套两方面进行。红色文化交通文明公交线路创建行动主要是各地将特定旅游线路结合红色交通文化进行张贴宣传，利用公交车座椅座套、出租汽车 LED（发光二极管）灯箱等媒介展示红色历史内容。红色文化交通文明示范路提升行动则是重点引导各地植入本地红色文化，抓好标识标牌、沿途雕塑、候车亭等景观的设计工作，实现红色文化与交通一站式体验。

图 10-1 为带有红色交通文化主题 LOGO 的吉安市公交车。

图 10-1 带有红色交通文化主题 LOGO 的吉安市公交车

专栏 10-3 南昌铁路局开通红色旅游专列

2021 年 4 月 24 日，Y576/5 次列车缓缓从井冈山站驶往瑞金，这是中国铁路南昌局集团有限公司 2021 年开行的第 18 趟红色旅游专列。该公司围绕"奋斗百年路、启航新征程"主题宣传，基于赣闽内环定制旅游专列核心业务，突出瑞金独特的红色旅游资源，迎接中国共产党成立 100 周年。

庆祝党的百年华诞，学思践悟百年党史，让党的光辉历程和动听故事传遍千家万户，激励党员群众不忘初心永远跟党走。中国铁路南昌局集团有限公司组织开展形式多样、内容丰富的群众性主题宣传教育活动，开通红色旅游专列，聚焦红色旅游资源。

> 江西瑞金红色资源丰富,旅游价值突出。通过红色旅游专列,旅客可以透过一处处革命旧址,倾听一个个革命故事,追寻红色"足迹",回望红土地上的光荣岁月,激发奋进新时代热情,在党的领导下凝心聚力共圆伟大中国梦。南昌铁路部门以为党庆生为契机,创造性地推出红色旅游专列,体现了新时代人民铁路感党恩、跟党走的思想自觉和行动自觉,值得学习和借鉴。

二、交通参与者文明素养提升初见成效

在推动文明服务提升工程上,江西省交通运输厅积极组织开展"文明交通绿色出行"宣传教育专项行动,通过组织开展绿色出行宣传月和公交出行宣传周活动、"全国交通安全日"主题活动、水上安全知识进校园活动等,提升民众交通安全意识和文明素养。

通过省级单位牵头各市级单位落实的"一盔一带"、群众文明志愿者站岗等系列活动,让人民群众以主人公、参与者的身份投身于日常交通运营过程中,既提高了人民群众的交通文明素养,又让人民群众和交通工作者勠力同心携手建设交通强国、交通强省。吉安市交通运输局同城市综合执法、街道办等部门开展执法行动,对摩托车乱停乱放、外卖车随意变道、路边临时摊点、电动自行车无牌无证、行人乱穿马路等违法行为进行整治,进一步规范江西路面交通秩序,营造良好通行环境。

此外,随着江西省旅游业的日益繁荣,自驾游客的数量也逐渐增加,给道路交通管理工作带来了不小的压力。为确保道路交通安全、畅通、有序,江西省各级部门在大力开展道路交通秩序整顿的同时,始终把引导人民群众树立文明交通理念、突出交通法治理念作为治理不文明交通陋习的重要措施。全方位、多角度

组织开展了"文明交通、安全出行"主题宣传活动，通过摆放注意交通安全和提升交通文明素养的宣传展板、发放宣传资料等措施，倡导人民群众摒弃交通陋习、文明参与交通，全力促进全省文明交通素质进一步提升。

三、交通运输执法核心价值理念体系快速构建

为积极推进交通运输执法文化建设，2021年10月，江西省交通运输综合行政执法监督管理局发布江西省交通运输执法核心价值理念——"崇法 敬民 保通 兴赣"，通过培育和践行共同的核心价值理念，激励和引导全省交通运输执法人员带头尊崇法治，着力推进落实规范公正文明执法；强调敬畏人民，切实强化"情系于民、权用于民"的行动自觉，不断创新创优交通运输执法手段，办好"解民忧、纾民困、暖民心"的好事实事，树立交通运输执法队伍良好形象。

2022年6月，江西省交通运输综合行政执法监督管理局印发《推行全程说理式执法指导意见(试行)》，要求全省交通运输行政执法人员注重全程说理，把法治宣传教育融入执法办案全过程，全面提升行政执法的说服力与公信力，提升执法"温度"，全力构建和谐有序的交通运输行政执法新秩序。

第十一章
江西省交通强省建设对策建议和展望

江西省按照"作示范、勇争先"目标要求，立足新发展阶段，贯彻新发展理念，构建新发展格局，以交通强省建设为统领，着力构建"大通道+大枢纽+大融合"的综合交通运输发展格局，以畅通道、强枢纽、促协调、提品质、推创新、精治理为重点，打造一流设施、一流技术、一流管理、一流服务，推动高水平交通强省建设开新局、上台阶，助力江西加快推进高质量跨越式发展。

第一节 江西省交通强省建设存在的问题

一、综合交通基础设施有待进一步完善

综合交通运输大通道不够强。江西省基本形成了"四纵三横"综合交通运输大通道，打通了横贯东西、连通南北"大动脉"，构建了省内综合运输"主网络"，交通运输的战略支撑作用更加凸显。但是，规划的"六纵六横"综合运输大通道还有"两纵三横"未完全形成，国际空中通道航班联系城市偏少，联系长三角、粤港澳大湾区的高速公路通道繁忙亟须扩容，高等级航道还没有贯通。

综合交通枢纽布局需进一步完善。现代化综合立体交通网布局不够完善，各种交通运输方式缺乏综合立体互联和智慧高效衔

接。干线网不够高效通畅，省内主要节点及城市（群）交通网缺乏有效衔接，多层级一体化综合交通枢纽体系有待加强。

二、综合交通运输服务能力有待优化

各种交通运输方式间一体化融合发展程度不够。随着全省综合交通基础设施建设逐步完善，以及人民群众对多样化、高品质、高效率运输服务的要求不断提高，推动交通运输发展由追求速度规模向注重质量效益转变，推进客运"零距离换乘"和货运"无缝化衔接"，必然要求全省综合运输服务体系建设更加注重交通运输一体化发展。但受到政策、技术、管理等方面的制约，铁、公、水、空等交通运输方式的规划、建设、装备配置、运营管理等总体仍分属各个部门和板块，处于相对独立发展状态，制约了各种交通运输方式一体化有效融合。

货物运输结构性矛盾尚未根本解决。2021年，全省公路、铁路、水运货运量比例为91.1∶2.4∶6.5，且公路货运量占比远高于全国平均水平，而铁路和水运货运量占比显著低于全国平均水平。公路在全省货物运输的主体地位仍非常明显，铁路、水运等基础设施建设相对于公路，无论是数量还是质量都相对不足，导致公路过多承担了铁路、水运应承担的大宗物资中长距离运输量，铁路、水运（赣江、信江主航道）的经济比较优势尚未得到充分发挥，推动"公转铁""公转水"等运输结构调整依旧是交通强省建设的重要任务。

三、交通运输行业碳减排和污染防治难度不断加大

随着经济社会发展和人民群众出行需求的改变，全省交通运输业碳排放仍处于增长阶段，且短期内增长趋势没有放缓迹象，同时伴随着交通碳排放的移动点源排放特征以及目前全省交通运输部门用能结构特征，交通碳排放强度控制和总量控制难度极

高。另外，道路营运车辆、船舶港口的污染排放问题仍未得到根本解决，"共治共享、共建共管"的绿色交通治理模式尚不完善，绿色交通发展水平评价、工作考核体系等长效发展机制尚不健全。

四、安全生产形势依然严峻

一是工程建设安全方面，部分项目建设单位首要责任落实不到位，对安全管理人员及作业人员的专职配备和教育培训不足；部分地市安全专项活动落实不到位，未尽职履责监管工程建设安全生产。二是普通公路运输安全方面，800公里以上长途班车的安全监管难度大，出城公交车设站立区隐患突出，合法企业存在养"黑车"问题，网约车平台安全管理基础薄弱。部分危险货物道路运输电子运单填报不规范，部分网络货运企业未如实上传运营数据。

五、人才领域分布不够合理，人才储备与交通运输发展新要求不匹配

首先，现有人才尤其是具有高级专业技术职务的高层次人才主要集中在项目建设、科技研发、勘察设计领域，运营管理、信息智能、安全保障和节能环保等领域人才匮乏。随着交通运输向着绿色化、智能化方向发展，交通运输人才在层次、数量、结构上已经出现了不适应新发展新要求的情况。其次，随着全省航运基础设施建设发展，水运领域人才需求量越来越大，而水运领域专业技术人才仅占7%左右，水运领域技能人才占比仅为4%左右。

第二节 江西省交通强省建设的对策建议

加快推进高水平交通强省建设，助力江西省高质量跨越式发

展，是构建新发展格局的迫切需要，是更好满足人民对美好生活向往的必然要求。可以从以下方面持续发力。

一是畅通"一核四纵四横"高速铁路网、京九沪昆"大十字"高速公路主通道、南北水运大通道及"一主一次七支"民用运输机场网络，构建"一核三极多中心"综合交通枢纽体系。

畅通综合运输大通道。加快京九、昌景黄、长赣等高铁通道建设，着力形成以南昌"米"字形高铁为核心的"一核四纵四横"高速铁路网；加快京九、沪昆"大十字"八车道高速公路主通道和设区市绕城高速公路建设，缓解江西与长三角、粤港澳大湾区高速公路通道拥堵状况，提升设区市中心城区高速公路服务能力；加快高等级航道和港口码头建设，着力推动浙赣粤运河早日开工建设，打通南北水运大通道，形成"两横一纵多支"高等级航道网和现代化港口体系。加快南昌昌北国际机场三期扩建、赣州瑞金机场项目等的建设，建成"一主一次七支"民用运输机场网络。

打造综合交通大枢纽。结合全国综合交通枢纽及国家物流枢纽承载城市布局，加快构建"一核三极多中心"综合交通枢纽体系。重点提升南昌—九江国际性门户枢纽地位，加快赣州、上饶、赣西组团3个全国性综合交通枢纽城市建设，打造吉安、鹰潭等一批区域性综合交通枢纽。高水平建设一批综合客运枢纽、货运物流枢纽和快递枢纽，全面提升南昌昌北国际机场智慧空港、九江区域航运中心、赣州国际陆港、南昌向塘国际陆港、上饶国际陆港等综合枢纽辐射带动能力。

二是加强旅客联运基础设施建设，推动一站式旅客联程联运服务；推进运输结构优化，提升多式联运水平。

推动一站式旅客联程联运服务。围绕实现客运"零距离换乘"目标，统筹各运输方式间运力、班次对接，鼓励开展空铁、公铁、空巴等旅客联程运输服务。推动各种交通运输方式场站集中布局、空间共享、服务协同、立体或同台换乘，打造全天候、一体化换乘环境；加快既有客运枢纽存量设施的衔接功能改善和整合提升，实施智能化升级改造促进客运站场多元化开发。推动全省道路客运联网售票系统与铁路信息系统数据对接，探索利用互联网购买"一票制"公铁联程运输客票。推动机场经营主体共享机场运输服务设施，开放道路接续运输服务市场。鼓励第三方加快综合客运联网售票平台发展，引导联程运输票务一体化发展，为旅客提供一站式便捷购票。

开展多式联运提速行动。推进多式联运发展提速，运输结构大幅优化，基本形成大宗货物及集装箱中长距离运输以铁路和水运为主的发展格局。加快货运枢纽布局建设，提升南昌和九江国际性门户枢纽地位，加快南昌昌北国际机场航空物流枢纽基础设施建设，强化枢纽机场货物转运、保税监管、邮政快递、冷链物流等综合服务功能。提升南昌向塘国际陆港功能，加快补齐南昌向塘铁路枢纽联运转运衔接设施。提升九江江海直达区域性航运中心功能，推进九江港和南昌港一体联动发展。加快打造赣州、上饶、赣西组团全国枢纽，做大做强赣州国际陆港，加强与沿海港口合作，加快打造对接融入粤港澳大湾区"桥头堡"。

三是深化防范化解交通安全重大风险，打造"平安百年品质工程"。

强化底线思维，完善交通软硬件设施，推进公路安保、危桥改造、灾害防治、隐患治理，打造"平安百年品质工程"。开展改渡便民工程，加强载运工具质量治理，全面提高交通运输设施设备安全水平。强化交通安全风险评估和分级分类管控，加强重大风险源的识别和全过程动态监测分析、预测预警。完善应急保障体系和自然灾害交通防治体系，健全省、市、县三级交通应急保障基地，加快建设国家区域性应急物资生产保障基地，提升交通应急保障能力。优化完善安全监管监察系统，明确制定安全生产监督管理工作责任规范，严格落实企业主体责任，建立安全生产权责清单，加大执法力度，提升企业安全管理水平。强化交通运输安全行政执法，全省各设区市实行"两客一危"4G视频实时监控设备和动态监控系统全覆盖，实时监测危险货物运输过程，进一步提升信息化监管水平。全面深入开展全行业安全隐患大排查、大整治、大检查，严厉打击交通运输安全违法违规行为。

四是推进交通低碳用能体系建设，协同推进减污降碳。

构建生态化交通网络，推动交通运输政策、规划、设计、建设、运营、养护等方面绿色低碳转型，协同推进减污降碳。优化调整运输结构，大力发展绿色出行，推广新能源和清洁能源车辆在城市公交、出租汽车等领域的应用。积极开展全省充电设施布局规划与建设，鼓励各地因地制宜在公交枢纽、公共停车场、综合客运枢纽、公路服务区、城市物流配送中心等场地建设充电基础设施，并进一步提高岸电设施覆盖率和使用率。持续深化船舶港口污染防治、柴油货车污染防治工作，加快推进快递包装绿色化、减量化、可循环。

五是建立人才目录库，提高引才育才针对性，建立激励机制。

围绕交通强省建设任务，建立交通运输行业开放共享的"高精尖缺"人才目录库，优先引进、培养运营管理、信息智能、安全保障和节能环保等领域人才，提升引才育才精准性。探索交通人才双聘制，实现事业编制管理和企业绩效管理双联动，提高引才政策激励性。支持华东交通大学、南昌航空大学就交通相关专业加快建设现代产业学院、行业特色学院，打造一流实训基地、产教融合育人基地。加强培养高学历、高素质、高技能的复合型人才，满足交通运输发展新要求。

第三节　江西省交通强省建设展望

在未来一段发展时间内，我国发展仍然处于重要战略机遇期，但机遇和挑战都有新的发展变化。江西省交通强省建设要以习近平新时代中国特色社会主义思想为指导，认真贯彻落实习近平总书记视察江西时的重要讲话精神，对照"作示范、勇争先"的目标定位和"五个推进"的更高要求，不忘初心、牢记使命，努力做到标准定位有"大格局"、行业治理有"大提升"、改革创新有"大突破"、干事创业有"大提振"，在新的起点上推动全省交通运输实现高质量跨越式发展，奋力谱写加快建设交通强国江西篇章，为描绘好新时代江西改革发展新画卷提供更加坚实的交通运输保障。

到 2035 年，基本建成交通强省，基本形成安全、便捷、高效、绿色、经济的现代化综合交通运输体系。到 21 世纪中叶，全面建成人民满意、保障有力、全国前列的交通强省。江西交通将更好地发挥先行引领作用，支撑国家和省级战略实施，引领江西经济社会高质量发展，助力更高水平的平安江西建设，支撑美丽中国"江西样板"。

支撑国家和省级战略实施。江西省交通强省建设将充分发挥江西"四面逢源"的区位优势，依托高品质大能力综合运输大通道、大枢纽，增强水陆空国际战略通道能力，形成面向全球、畅达全国、畅通全省的综合交通运输格局，支撑江西深度融入"一带一路"建设，深度参与长江经济带建设，推动大南昌都市圈与武汉都市圈、长株潭都市圈城市群的交通联网，提升长江中游城市群战略能级，高效对接京津冀协同发展、长江经济带发展、粤港澳大湾区建设、长江三角洲区域一体化发展等区域重大战略，促进新时代中部地区崛起和加快革命老区振兴发展，推进江西内陆开放型经济试验区建设。

引领江西经济社会高质量跨越式发展。江西省交通强省建设将优化交通基础设施布局，推动城乡交通运输一体化发展，助推江西构建"一圈引领、两轴驱动、三区协同"区域发展格局，加快建设具有江西特色的现代经济体系，推进新型城镇化和乡村振兴战略实施，增强中心城市的对外集聚辐射能力，为江西经济社会高质量跨越式发展发挥先行引领作用。

助力更高水平的平安江西建设。江西省交通强省建设将牢固树立安全第一理念，全面提升交通运输安全保障能力和系统韧性；提升粮食、煤炭、石油、天然气等重点物资运输能力，健全战略物资运输保障体系；加强通道安全保障、水上巡航搜救打捞、极地救援能力建设；加强交通运输安全风险预警、防控机制和能力建设，强化风险辨识、评估和管控，健全交通运输安全监管体系和搜寻救助系统，提升交通运输安全水平；提高交通设施设备安全水平，完善交通运输应急保障体系，助力更高水平的平安江西建设。

支撑美丽中国"江西样板"。江西省交通强省建设将围绕生态文明建设工作要求，提高资源集约节约能力，将绿色发展理念贯彻至交通运输发展各环节，探索绿色交通发展道路。深入推动交通运输领域节能低碳转型，进一步优化运输结构，优先发展绿色交通方式，引导居民绿色低碳出行，打造绿色交通美丽中国"江西样板"。

参 考 文 献

[1] 中共江西省委,江西省人民政府.中共江西省委 江西省人民政府印发《关于推进交通强省建设的意见》的通知:赣发〔2020〕26 号[A/OL].(2021-01-06)[2023-01-13].http://www.jiangxi.gov.cn/art/2021/1/6/art_396_3042757.html.

[2] 江西省交通运输厅.2021 年江西省交通运输行业发展统计公报[R/OL].(2022-06-10)[2023-01-13].http://jt.jiangxi.gov.cn/art/2022/6/10/art_33027_3995748.html.

[3] 卢春房,卢炜.综合立体交通运输体系发展策略[J].铁道学报,2022,44(1):1-7.

[4] 向爱兵."十四五"我国交通基础设施发展思路与路径[J].交通运输研究,2022,8(1):59-66.

[5] 新华社.中共中央 国务院印发《交通强国建设纲要》[A/OL].(2019-09-19)[2023-01-13].http://www.gov.cn/zhengce/2019-09-19/content_5431432.htm.

[6] 国务院.关于印发"十四五"现代综合交通运输体系发展规划的通知:国发〔2021〕27 号[A/OL].(2019-09-19)[2023-01-13].http://www.gov.cn/zhengce/content/2022-01-18/content_5669049.htm.

[7] 交通运输部.综合运输服务"十四五"发展规划[A/OL].(2022-01-12)[2023-01-13].https://www.mot.gov.cn/zhuanti/shisiwujtysfzgh/202201/t20220112_3636124.html.

[8] 交通运输部.关于印发《绿色交通"十四五"发展规划》的通知:交规划发〔2021〕104 号[A/OL].(2022-01-21)[2023-01-13].https://xxgk.mot.gov.cn/2020/jigou/zhghs/202201/t20220121_3637584.html.

[9] 江西省人民政府办公厅.关于印发江西省"十四五"综合交通运输体系发展规划的通知:赣府厅发〔2021〕44 号[A/OL].(2021-12-11)[2023-01-13].http://www.jiangxi.gov.cn/art/2021/12/23/art_4968_3799438.html.

［10］江西省交通运输厅.关于印发《江西省公路水路交通运输"十四五"发展规划》及有关专项规划的通知:赣交办字〔2022〕4 号［A/OL］.(2022-01-10)［2023-01-13］.http://jt.jiangxi.gov.cn/art/2022/1/10/art_34003_3994161.html.

［11］江西省统计局.江西省 2021 年国民经济和社会发展统计公报［R/OL］.(2022-12-16)［2023-01-13］.http://www.jiangxi.gov.cn/art/2022/12/16/art_5482_4300255.html.

［12］江西省交通运输厅.江西交通概况 2022［EB/OL］.(2022-06-07)［2023-01-13］.http://jt.jiangxi.gov.cn/art/2022/6/7/art_33967_3987211.html.

［13］江西省邮政管理局.2021 年江西省邮政行业发展统计公报［R/OL］.(2022-05-19)［2023-01-13］.http://jx.spb.gov.cn/jxsyzglj/c100062/c100149/202205/509c56d0cdf04cd5bf4605ac0c943f19.shtml.

［14］傅南.江西构建现代物流体系专题调研报告［EB/OL］.(2022-06-01)［2023-01-13］.https://mp.weixin.qq.com/s/EnSBLbvbj2mYDn1XAxlZYw.

［15］傅南.砥砺奋进十年,江西商贸物流鲲鹏展翅显神威［EB/OL］.(2022-09-13)［2023-01-13］.https://mp.weixin.qq.com/s/qv5OeT9os24e59scwyfVBA.

［16］江西省人民政府办公厅.关于印发江西省传统产业优化升级行动计划(2018—2020 年)的通知:赣府厅字〔2018〕60 号［A/OL］.(2018-06-07)［2023-01-13］.http://www.jiangxi.gov.cn/art/2018/6/12/art_4968_212684.html.

［17］交通运输部,科学技术部.关于科技创新驱动加快建设交通强国的意见:交科技发〔2021〕80 号［A/OL］.(2021-08-26)［2023-01-13］.https://xxgk.mot.gov.cn/2020/jigou/kjs/202108/t20210826_3616711.html.

［18］江西省统计局,国家统计局江西调查总队.江西统计年鉴 2021［M］.北京:中国统计出版社,2021.

［19］江西省人民政府.关于印发江西省"十四五"制造业高质量发展规划的通知:赣府发〔2021〕19 号［A/OL］.(2021-09-07)［2023-01-13］.http://www.jiangxi.gov.cn/art/2021/9/10/art_4968_3579108.html.

［20］江西省工业和信息化厅.关于印发江西省"十四五"智能制造发展规划的通知:赣工信装字〔2021〕244 号［A/OL］.(2021-11-22)［2023-01-13］.

http://www.jiangxi.gov.cn/art/2021/11/22/art_5006_3754919.html.

[21] 工业和信息化部,国家标准化管理委员会.关于印发《国家车联网产业标准体系建设指南(智能网联汽车)》的通知:工信部联科〔2017〕332号[A/OL].(2017-12-29)[2023-01-13].https://www.miit.gov.cn/zwgk/zcwj/wjfb/zh/art/2020/art_dd83902198af456c850e54206adf7aaa.html.

[22] 工业和信息化部.关于印发《车联网(智能网联汽车)产业发展行动计划》的通知:工信部科〔2018〕283号[A/OL].(2018-12-28)[2023-01-13].http://www.gov.cn/xinwen/2018-12/28/content_5353034.htm.

[23] 交通运输部.关于印发《数字交通"十四五"发展规划》的通知:交规划发〔2021〕102号[A/OL].(2021-12-22)[2023-01-13].https://xxgk.mot.gov.cn/2020/jigou/zhghs/202112/t20211222_3632469.html.

[24] 江西省工业和信息化厅.关于印发《江西省"十四五"航空产业高质量发展规划》的通知:赣工信航空字〔2021〕257号[A/OL].(2022-02-09)[2023-01-13].http://www.jiangxi.gov.cn/art/2022/2/9/art_5006_3854403.html.

[25] 国家统计局社会科技和文化产业统计司.中国高技术产业统计年鉴2021[M].北京:中国统计出版社,2021.

[26] 中国科学技术发展战略研究院.中国区域科技创新评价报告2021[M].北京:科学技术文献出版社,2022.

[27] 中共江西省委,江西省人民政府.关于深入推进数字经济做优做强"一号发展工程"的意见[A/OL].(2022-03-14)[2023-01-13].http://www.jiangxi.gov.cn/art/2022/3/14/art_396_3885369.html.

[28] 交通运输部,科学技术部.关于印发《交通领域科技创新中长期发展规划纲要(2021—2035年)》的通知:交科技发〔2022〕11号[A/OL].(2022-03-25)[2023-01-13].https://xxgk.mot.gov.cn/2020/jigou/kjs/202203/t20220325_3647752.html.

[29] 交通运输部.《"十四五"交通领域科技创新规划》解读[EB/OL].(2022-04-08)[2023-01-13].https://www.mot.gov.cn/2022zhengcejd/202204/t20220408_3650007.html.